Sandra Stubbe

suchtraum

Roman

chiliverlag

Zuletzt im chiliverlag erschienen:
Morden – Kurzkrimis, Marc Mandel, 2014
Tag des Zitronenfalters – Kurzgeschichten, Norbert J. Wiegelmann2014
Jetzt anders! – Ein Lesebuch voller Vielfalt und für Toleranz, 2014
Brombeerrausch – raja chili: HOT! Erotikanthologie, 2014
DEUS IUDEX MEUS – Nur Gott ist mein Richter, Ralf Seeger,2014
Akte 7 – Anatomie des Übels, Franziska Dannheim, 2014
Wut, Mut & Herz-Tattoos, Bühnentexte von Michel Pauwels, 2014
nacktschmecken (FSK) – Erotische Geschichten, Maria Mariposa, 2014
Glasaugenstern – 101 Gedichte von Alex Dreppec, 2015
Strohblumenstörung – Politische Dichtung der Gegenwart, 2015
Vorübergehend nicht erreichbar – Über Kontaktabbrüche zwischen Kindern und Eltern, 2015
PSYCHONYMOUS – Vergeltung, Kurzgeschichten, 2015
Chili Chicken – Satiren und Grotesken, 2015

1. Auflage Mai 2015

franchili / 26

Detaillierte bibliographische Daten sind unter http://dnb.ddb.de bei der Deutschen Nationalbibliographie abrufbar.

Lektorat, Gestaltung, Layout: chiliverlag
Coverfoto: Lupo_pixelio.de
Portraitfoto S. 134: Ilona Friederici

ISBN 978-3-943292-28-2 www.chiliverlag.de

Der Weg nach innen
und der Weg nach aussen
waren in Wahrheit das Gleiche.

Für
Jan

Inhalt

Dunst 9
Vakuum 25
Ryszard 33
Entschluss 45
Ungeziefer 53
Zeichen 69
Sehnsucht 87
Reisende 101
Auflösung 115

Die Autorin 134
Danksagung 135

Dunst

Ich stieg in die Bahn. Es war ein regnerischer Morgen Anfang März und die Stadt lag unter einem feuchten und grauen Schleier. Die Bahn war voller Menschen, die Luft war verbraucht und schwer. Sie umhüllte mich wie ein modriger Mantel, der mich mit seinem Gewicht nach unten zog.

Mein Körper reagierte sofort: Augenflimmern, Ohrensausen, Schwindelgefühl. Ich stützte mich auf den Lehnen der Sitze ab, um nicht umzufallen, und tastete mich langsam vorwärts. Vielleicht war der Guten-Morgen-Joint, den ich auf dem Weg zur Haltestelle geraucht hatte, doch etwas zu stark geraten. Ich setzte mich schnell auf einen der freien Plätze, holte eine Dose Cola aus meiner Tasche und trank hastig einen kräftigen Schluck. So saß ich einige Minuten da und wartete, bis der Zucker wirkte und sich mein Kreislauf wieder normalisiert hatte. Dann lehnte ich mich zurück, atmete tief durch und begann, die Menschen um mich herum zu beobachten.

Neben mir saß ein Mann in dunklem Anzug und Mantel, der Nachrichten in sein Handy tippte und sehr beschäftigt tat. Er wirkte angespannt und in seinen Bewegungen und Gesten lag eine aufgesetzte Wichtigkeit, die er demonstrativ zur Schau stellte. Ein paar Plätze weiter schikanierte eine ältere Dame ihr Schoßhündchen. Zusammengekauert und ihre dünnen Lippen aufeinander pressend, zischte sie dem armen Hund ständig Befehle und Verbote zu. Sie zerrte ihn auf ihren Schoß, setzte ihn wieder auf den Boden, quetschte ihn zwischen ihre Beine und zog an seinem Halsband. Der Hund ließ das Gezeter und Gezerre geduldig über sich ergehen, hatte aber keine Chance, es seinem Frauchen recht zu machen.

Weiter hinten telefonierte eine junge Frau unüberhörbar mit ihrem Freund oder Mann und gab ihm Anweisungen, was er zu tun und zu lassen hatte. Dabei lag in all ihren Mitteilungen ein unterschwelliger Vorwurf: „Bitte vergiss diesmal nicht …“, „… Vielleicht könntest du ja endlich mal …“, „… Aber bitte nicht wieder …“

Drei Menschen in völlig verschiedenen Lebenssituationen, die auf den ersten Blick nichts miteinander zu tun hatten und sich sowohl äußerlich als auch in ihren Handlungen stark voneinander unterschieden. Aber hinter der Fassade, unter der offensichtlichen Oberfläche, lag etwas, das ihnen allen gemein war: Unzufriedenheit, Einsamkeit und Leere schienen durch die aufgesetzte Geschäftigkeit, mit der sie sich von den wahren Problemen ablenkten. Ich war mir sicher, dass sie alle überaus geschickt darin waren, alles und jeden für die Unzufriedenheit, die ich ihnen unterstellte, verantwortlich zu machen: die Nachbarn, den Freund, den Chef, das Wetter, die Gesellschaft, den Zufall oder das Schicksal. Alles Ausflüchte, alles Entschuldigungen, dachte ich, es gibt nur einen einzigen Verantwortlichen, und das sind wir selbst. Wie gerne hätte ich sie an den Schultern gepackt, sie gerüttelt und ihnen gesagt, dass sie ganz alleine die Verantwortung für ihre Entscheidungen und ihren Weg trugen. Stattdessen guckte ich sie weiter an, hing meinen Gedanken nach und sagte kein einziges Wort. Wozu auch.

An der nächsten Haltestelle stieg eine junge Frau ein, setzte sich auf den Platz gegenüber und riss mich aus meinen Weltverbesserungs-Phantasien. Ich musste sie die ganze Zeit anschauen – sie hatte lange, dunkle Haare, die ihr immer wieder ins Gesicht fielen und klare, strahlende Augen. Sie passte so gar nicht in diesen grauen Morgen, nicht in diese Bahn und nicht in meine Ansichten. Sie packte ein Notizbuch aus und begann zu schreiben. Als der Kontrolleur nach den Fahrkarten fragte und sie den Fahrschein in ihrer Tasche suchte, fiel ihr Notizbuch genau vor meine Füße. Ich hob es auf und konnte die Eintragung auf der ersten Seite lesen: „Sophias Tagebuch: Für Träume, Visionen und Gedanken aller Art". Ich dachte an das Notizbuch in meiner Tasche. Es war schwarz, klein, schlicht, verschlissen und vollkommen leer. Es war Jahre her, dass ich das letzte Mal etwas aufgeschrieben hatte. Das Notizbuch aber trug ich immer noch bei mir. Ob als traurige Mahnung oder als Symbol der Hoffnung, vermochte ich nicht zu sagen, und ich vermied es, darüber nachzudenken. Die Frau stieg vor mir wieder aus und ich schaute ihr so lange nach, bis sie in der Menge auf dem Bahnsteig verschwunden war. Sie ging mir den ganzen Tag nicht mehr aus dem Kopf.

Ich fuhr weiter ins Büro, saß den ganzen Tag an meinem Schreibtisch und wertete Interviews aus, oder besser, ich versuchte, Interviews auszuwerten. Befragungen zur Kundenzufriedenheit und zum Image der Deutschen Bahn, die sowieso niemanden interessierten, am wenigsten die Deutsche Bahn. Immer wieder fielen mir die Augen zu und ich musste mich einige Male zu einem Minutenschlaf auf die Toilette zurückziehen, um nicht mit dem Gesicht auf den Interview-Stapel zu fallen und einzuschlafen. Ich war Leiterin der internen Service-Abteilung eines Marktforschungsinstitutes und kümmerte mich hauptsächlich um die Planung und Organisation der Gruppendiskussionen und der Einzelbefragungen, aber ab und an half ich eben auch bei der Auswertung der Befragungsergebnisse. Heute fand ich jedoch keine Konzentration, ich war unruhig und desinteressiert. Vielleicht lag das daran, dass ich heute Morgen auf dem Weg zur Bahn das letzte Blütchen Gras geraucht hatte und den ganzen Tag auf eine Nachricht von Kai wartete, von dem ich mir Nachschub erhoffte. Auch auf den obligatorischen Motivations-Sticki in der Mittagspause musste ich notgedrungen verzichten, was sich ebenfalls auf meine Stimmung auswirkte. Kurz vor sechs Uhr kam dann die langersehnte Nachricht: „Bin ab sieben zu Hause. Kannst vorbeikommen. Kai".

Die Besuche bei Kai waren immer speziell und ich mochte es nicht, dass er mir das Gefühl gab, als Bittsteller zu ihm zu kommen, obwohl ich doch seine Kundin war. Eine ziemlich gute Kundin dazu.

„Ja?", hörte ich Kais Stimme durch die Gegensprechanlage, als ich schließlich vor seiner Tür stand.

„Ich bin es, Anna. Machst du auf?“, antwortete ich, und gleich darauf summte der Türöffner.

Ich stieg die vier Stockwerke hinauf bis in die oberste Etage, zog meine Schuhe aus und klopfte dreimal an die Tür. Kai öffnete und schloss die Türe hinter mir gleich wieder zu. Es war ziemlich dunkel in dem langen Flur und nur aus dem Wohnzimmer drang etwas Licht. Die Musik lief und es roch nach Gras.

„Du kommst genau richtig. Ich habe gestern richtig gutes Gras aus Holland bekommen“, sagte Kai und hielt mir einen dicken Joint entgegen. Ich nickte, nahm ihn und ging ins Wohnzimmer, um mich auf das alte Sofa zu setzen. Ich beobachtete Kai, der eine Schallplatte aus seiner Sammlung suchte und auflegte. Kai war Mitte dreißig, nicht besonders groß und von kräftiger Statur. Er hatte dicke, dunkle Haare, einen Vollbart, trug eine schwarze, starke Brille, Jeans und immer T-Shirts. Er bezeichnete sich gerne als Student der Soziologie, aber sein Studium beschränkte sich seit Jahren auf das halbjährliche Entrichten der Studiengebühren und das gelegentliche Besuchen von Vorlesungen, ohne dass er sich je aktiv an Hausarbeiten oder sonstigen Prüfungen beteiligt hätte. Am liebsten wäre ich gleich wieder gegangen, aber die Regel lautete: Mindestens eine Stunde Aufenthalt, um keinen Verdacht bei den Nachbarn zu erregen. Dabei roch es schon im Treppenhaus total nach Gras. Aber diese Regel war Kai sehr wichtig und sie musste unbedingt eingehalten werden, wenn man auf seiner Kundenliste bleiben wollte – und das wiederum schien mir sehr wichtig zu sein.

Das Gras breitete sich langsam in meinem Kopf und meinem Körper aus und ich hatte das Gefühl, immer tiefer in dem weichen Sofa zu versinken. Die Musik trug meine Gedanken mit sich fort und ich fühlte mich warm und geborgen. Die Unruhe des Tages war verflogen und alle negativen Gedanken vergessen. Mittlerweile waren noch zwei weitere Bekannte von Kai eingetroffen, die ebenfalls rauchten und sich über Belanglosigkeiten unterhielten. Die Worte schwirrten zusammen mit der Musik und dem Grasdunst durch den Raum und vermischten sich zu einer undefinierbaren Masse, die in Richtung Fenster zog und sich durch den engen Spalt nach draußen schlängelte.

„Ich muss jetzt nach Hause“, sagte ich nach einer Weile, mehr zu mir selbst als zu den anderen.

„Wieso – ist Markus da?“, fragte Kai.

„Nein, er kommt erst nächstes Wochenende wieder. Aber ich muss noch was erledigen.“

„Hmm. Wie viel willst du denn? Für Hundertfünfzig?“

„Ja, das passt. Ist übrigens wirklich gut, dein Holland-Gras. Nächstes Mal bleibe ich länger, ok?“

Kai wog das Gras ab, packte es in drei Beutelchen und wickelte das Ganze in Cellophan ein, damit es nicht so stark roch.

Als ich wieder auf die Straße trat, war es bereits dunkel und ziemlich kalt. Wir wohnten nur ein paar Straßen weiter und ich konnte zu Fuß nach Hause laufen. Die frische Luft tat mir gut und machte mich wieder etwas klarer. Mir fiel mit einem Mal auf, dass ich heute noch gar nicht mit Markus gesprochen hatte, und ich versuchte ihn zu erreichen. Er ging nicht dran und ich hinterließ ihm eine kurze Nachricht: „Hallo Schatz, bin gerade auf dem Weg nach Hause und wollte nur hören, wie es dir geht. Hoffe, dein Termin ist gut gelaufen. Ich küsse dich.“

Den ganzen Tag hatte ich mich nach Hause gesehnt, aber als ich dann endlich zu Hause war und Zeit für mich hatte, war diese Unruhe wieder da. Mit einer Tasse Tee in der einen und einem Joint mit dem gerade gekauften Gras in der anderen Hand setzte ich mich auf das Sofa und wollte mich einer meiner Lieblingsbeschäftigungen widmen: kontemplative Weltbetrachtungen bei leichter Hintergrundmusik. Doch statt neugierig einem sinnhaften Gedanken zu folgen, zerfledderten sich meine Betrachtungen in tausend verschiedene Richtungen, wanderten durcheinander und brachten mir nicht die ersehnte Entspannung. Also schlich ich unschlüssig durch die Wohnung, machte dies und das, fing das eine an und schloss das andere ab. Letztendlich räumte ich die Spülmaschine aus, zupfte meine Augenbrauen, rauchte weitere Tütchen und legte mich früh ins Bett.

Vor dem Einschlafen dachte ich über Markus nach, der nicht auf meine Nachricht reagiert hatte und an diesem Wochenende nicht nach Hause kommen würde. Er musste irgendein Angebot oder eine Präsentation fertig machen und wollte dann Samstagabend mit dem ganzen Team Essen gehen. Nun gut, ich musste zugeben, dass ich etwas enttäuscht war – ihm schien es hingegen nicht besonders viel auszumachen. Dieser neue Job in der großen Werbeagentur war ihm sehr wichtig. Seit er ihn vor einem halben Jahr angenommen hatte, führten wir eine Fernbeziehung und ich fand, dass es an der Zeit war, über die nächsten Schritte nachzudenken. Ich wäre sofort bereit, ihm zu folgen – er müsste es nur sagen. Ich nahm mir vor, ihn am nächsten Wochenende darauf anzusprechen, und malte mir aus, wie wir zusammen eine neue Wohnung suchen und die neue Stadt erkunden würden.

Morgens wachte ich mit einem eigenartigen Gefühl des Verlassen-Seins auf und fragte mich, wie lange mich dieses Gefühl schon begleitete. Als würde unter all der Geschäftigkeit des Tages eine Leere lauern, die nur darauf wartete, mich hinab zu ziehen. Ich verbrachte fast das ganze Wochenende alleine in der Wohnung. Genauer gesagt, auf dem großen Sessel vor dem Fenster, rauchte Gras und dachte darüber nach, warum mich die Frau in der Bahn mit ihrem Notizbuch so berührt hatte. Es war, als hätte sie mich an irgendetwas erinnert, das ich aber nicht greifen konnte. Wie ein Wort, das einem auf der Zunge liegt und nicht einfallen will. Je angestrengter man versucht, das fehlende Wort zu fassen, desto mehr entzieht es sich. Mit Markus hatte ich nur einige wenige Worte gewechselt. Er musste ja die ganze Zeit arbeiten und hatte weder die Zeit noch den Kopf für ein Gespräch. Ich wollte ihm von der Frau in der Bahn erzählen. Ich wollte ihm sagen, dass er mir fehlte. Ich wollte ihm sagen, dass ich traurig und einsam ohne ihn war, aber ich sagte nichts von alledem. Ich war sprachlos. Ich sehnte mich so sehr nach intensiven Gesprächen mit Markus und wünschte mir, ihm einen tiefen Einblick in meine innersten Gedanken zu geben. Aber wenn es dann soweit war, fehlten mir die Worte und ich war innerlich wie gelähmt. Meine Stimme wurde leise und brüchig und die wenigen Worte, die ich fand, waren viel zu klein und zu eng, um auszudrücken, was ich empfand. Es war mir unmöglich, meine Gedanken und Gefühle mitzuteilen. So erwähnte ich nur beiläufig, dass ich eine Frau in der Bahn gesehen hatte, die eine tolle Ausstrahlung hatte. Ich wollte etwas Bedeutendes erzählen und machte es dabei so klein und unbedeutend wie möglich. Markus ging so gut wie gar nicht darauf ein und erzählte im Gegenzug von den Präsentationsvorbereitungen, die mich nicht besonders interessierten.

Sonntags rief mich meine Schwester an, aber ich hatte keine Lust, mit ihr zu telefonieren, und so hinterließ sie mir eine Nachricht auf der Mailbox: „Hallo Anna – hier ist Katrin, deine Schwester. Ruf mich doch bitte mal zurück, es ist etwas passiert, das ich dir unbedingt erzählen will."

Ich hatte erst recht keine Lust, Neuigkeiten von meiner Schwester zu hören, und rief nicht zurück. Meine Schwester und ich, wir waren so verschieden wie man nur sein kann. Sie war diejenige, die immer alles richtig machte, den Weg kannte und ihn konsequent verfolgte. Sie hatte ihr Studium durchgezogen, arbeitete nun als Juristin in einer großen Kanzlei und ihr langjähriger Freund war erfolgreicher Unternehmensberater. Ich war mir sicher, dass ihr Leben ebenso geradlinig weiterlaufen würde. Zweifel hatten in ihrem Leben keinen Platz, und was ich im Moment überhaupt nicht gebrauchen konnte, waren weitere Erfolgs- oder Vollzugsmeldungen ihres perfekt geplanten Weges zum Parade-Leben. Keine Ahnung, warum mich das so nervte. Vielleicht glaubte ich, dass ihr Weg gar nicht ihr Weg war, sondern nur ein allseits akzeptierter, dem sie blind und ohne zu fragen folgte. Vielleicht hatte ich das Gefühl, dass sie auf der falschen Seite stand und als besonders gut geöltes Rädchen ein System unterstützte, das ich ablehnte. Meine Ablehnung war diffus, unklar und höchst emotional. Ich hielt den Kapitalismus für menschenverachtend, gefährlich und längst überholt. Gewinnmaximierung, Profitgier und Dauerwachstum führen in eine Sackgasse, dachte ich. Ein kleiner Teil profitiert, aber Mensch und Natur im Ganzen tragen den Schaden. Die Marktmechanismen des Kapitalismus beherrschten mittlerweile unser gesamtes Leben. Wir selbst waren zu einer Art Ware geworden, die sich immer und überall optimieren und möglichst gut verkaufen musste. Ein erfolgreiches Unternehmen war eines, das seinen Profit immer weiter steigerte. Ein erfolgreicher Mensch war einer, der seinen materiellen Besitz immer weiter steigerte. Mein Kopf war voller Kritik und voller Fragen, aber ich hatte keine Antworten.

Die Woche zog zäh und ereignislos an mir vorbei und ich wartete darauf, dass Markus endlich kommen würde, um mich aus meiner Lethargie zu reißen. Das tat er dann auch, aber nicht so, wie ich es mir vorgestellt hatte. Er kam am späten Freitagabend nach Hause. Ich lag schon halb schlafend auf dem Sofa und schaute teilnahmslos in den Fernseher. Das Abendessen, das ich vorbereitet hatte, stand zusammengefallen auf dem Tisch vor dem Sofa.

„Da bist du ja endlich. Ich habe mich so auf dich gefreut. Zwei Wochen sind einfach zu lang. Warum kommst du so spät?“, sagte ich und umarmte ihn.

„Sorry, Anna. Aber wir haben im Moment einfach so viel zu tun, ich konnte nicht früher los“, antwortete Markus, schob mich beiseite und ging ins Schlafzimmer, um seine Tasche abzustellen.

Ich drehte ein Tütchen und rief: „Magst du noch was essen?“

„Nein, danke. Ich lege mich gleich hin und schlaf mich erst mal richtig aus, ich bin voll erledigt“, hörte ich Markus aus dem Bad antworten. Er gab mir noch einen flüchtigen Kuss, verschwand im Schlafzimmer und ich saß wieder alleine im Wohnzimmer.

Als ich Samstag aufwachte, war Markus schon aufgestanden und machte das Frühstück. Er hatte Brötchen gekauft, die Espressokanne stand auf dem Herd und es duftete nach frischem Kaffee.

„Magst du deinen Job?“, fragte ich.

„Was ist das für eine komische Frage? Klar mag ich meinen Job – das ist eine große Chance für mich, und ich würde mich freuen, wenn du das etwas ernster nehmen könntest“, antwortete er gereizt.

„Ich nehme das ernst. Ich meinte ja nur, wegen uns. Also glaubst du, dass du noch lange da bleibst? Was wird dann mit uns?“, erwiderte ich schon etwas unsicherer und eine Spur weinerlich.

„Was soll mit uns werden?“

„Ich möchte wissen, ob wir noch lange eine Fernbeziehung führen oder bald wieder zusammen leben können. Du fehlst mir.“

„Anna, ich habe im Moment wirklich andere Dinge im Kopf. Müssen wir da unbedingt jetzt drüber reden? Können wir nicht einfach in Ruhe frühstücken?“

Sein Ton war schroff und ich verstummte sofort. Wir frühstückten schweigend. Als ich später unter der Dusche stand und Markus sich neben mir die Zähne putzte, wusste ich plötzlich, dass unsere gemeinsame Zeit beendet war. Ohne Worte, ohne Erklärung, aber voller Schmerz war dieses Wissen schlagartig in meinem Kopf. Ein kurzer Moment der Wahrheit, der Gestern, Heute und Morgen aufhob und mich mit voller Wucht traf. Ich stand eine gefühlte Ewigkeit unter der laufenden Dusche, starrte auf die weißen Kacheln und beobachtete die Wassertropfen, die langsam an ihnen herab liefen. Ich versuchte diese Information irgendwie einzuordnen und wieder wegzudenken. Noch war ja nichts passiert, und es hätte auch weibliche Hysterie oder eine Hormonschwankung sein können, die diesen Gedanken in meinen Kopf gebracht hatten.

Ich beschloss, Markus erstmal nicht darauf anzusprechen. Daran hielt ich mich, und irgendwie verbrachten wir dann einen halbwegs normalen Nachmittag und Abend. Wir waren mit Nina und Tim verabredet, einem befreundeten Pärchen, das wir „vom Feiern" kannten. Die beiden führten seit Jahren eine Art On-Off Beziehung und man wusste nie, ob sie gerade zusammen waren oder nicht. Wahrscheinlich wussten sie es selbst nicht so genau. Wir trafen uns bei Nina, die in einer Altbauwohnung in der Innenstadt lebte. Die Wohnung gehörte ihren Eltern, die sehr wohlhabend, nie da und immer überaus beschäftigt waren. Dafür hatte Nina immer alles bekommen, was sie wollte. Und sie wollte viel. Wir verbrachten den Abend in ihrer perfekt ausgestatteten Wohnküche, kochten, rauchten und tranken zusammen. Ich versuchte, mich so harmlos und oberflächlich wie möglich zu verhalten, aber die düsteren Gedanken des Nachmittags drängten sich immer wieder in mein Bewusstsein. Ich ertappte mich dabei, wie ich Markus argwöhnisch beobachtete. Ich trank viel Wein und rauchte noch mehr Gras, um meine Gedanken zum Schweigen zu bringen. Am Ende des Abends war ich so platt, dass ich mich kaum noch koordiniert bewegen konnte. Zu Hause schaffte ich es gerade noch, mich auszuziehen und ins Bett zu fallen. Ich schlief sofort ein.

Sonntag ging Markus dann joggen und ich tat etwas, das ich normalerweise nicht tue. Ich las die Nachrichten auf seinem Handy. Es war wie ein innerer Drang, der mich zwang, mir endlich Gewissheit zu verschaffen. Mit zitternden Händen und klopfendem Herzen las ich die letzte Nachricht in seinem Posteingang: „Schön, von dir geweckt zu werden. Noch schöner wäre es, du würdest jetzt neben mir liegen. Küsse, Lara."

Mir war, als würde sich der Boden unter meinen Füßen öffnen und ich in einen tiefen Abgrund stürzen. Die Worte brannten sich in meinen Kopf und zerschnitten mein Herz. Ich schleppte mich aufs Sofa und wartete mit dem Handy in der Hand, bis Markus vom Laufen zurückkam.

„Ich habe die Nachricht von Lara gelesen", sagte ich zitternd, als Markus dann endlich schwitzend in der Tür stand. Doch statt mich in den Arm zu nehmen, mich zu beruhigen, Lara als eine harmlose Affäre, eine unbedachte Nacht zu rechtfertigen, wurde Markus richtig aggressiv.

„Was fällt dir ein, meine Nachrichten zu lesen!", schrie er und sah mich böse an. Ich begann zu weinen.

„Du solltest das nicht wissen. Es ist noch viel zu früh!", sagte er.

„Was soll ich nicht wissen? Was ist zu früh? Wer ist Lara?", fragte ich und wusste nicht genau, ob ich die Antwort überhaupt hören wollte.

„Eine Kollegin. Sie arbeitet seit ein paar Wochen bei uns und wir haben uns ineinander verliebt."

„Verliebt?", heulte ich auf und kam mir vor wie in einem schlechten Film.

„Ja, verliebt, Anna", sagte Markus nun ganz langsam und sah mich dabei an. Sein Blick war hart und durchdringend. Ich musste wegsehen und hatte das Gefühl, die Zeit würde mit einem Mal ganz langsam vergehen und sich dehnen wie ein Kaugummi.

„Es fing ganz harmlos an. Wir haben ein paar Mal im Büro zusammen Kaffee getrunken, uns unterhalten, gelacht. Letzten Samstag waren wir dann mit dem ganzen Team Essen und ich habe Lara danach nach Hause gebracht. Wir sind fast zwei Stunden zusammen durch die Stadt gelaufen und haben geredet. Zum Abschied haben wir uns geküsst und dann miteinander geschlafen. Wir haben das nicht geplant, es ist einfach so passiert."

Ich sah, wie die Worte aus seinem Mund kamen, doch ich war nicht in der Lage, sie aufzunehmen oder zu verstehen. Ich stand langsam auf, flüchtete vor diesen Worten in die Küche und hoffte, dass sie mich nicht einholen würden. Dort machte ich mir einen Martini und drehte mir einen Joint. Passierte das alles wirklich oder befand ich mich in einem schlechten Traum?

„Das ist ja so typisch für dich, Anna. Immer, wenn dir irgendetwas nicht passt oder es schwierig wird, drehst du dir erst mal einen Joint. Das kotzt mich so an", sagte Markus, als ich zurück ins Wohnzimmer kam.

„Ich glaube nicht, dass das jetzt das Thema ist", sagte ich leise.

„Doch, das ist das Thema. Weißt du eigentlich, wie lange ich schon unzufrieden bin? Was glaubst du, warum ich überhaupt weg bin? Weil ich es nicht mehr ausgehalten habe hier."

Ich saß stumm, weinend und rauchend auf dem Sofa, unfähig, auch nur ein sinnvolles Wort zu erwidern. Stumm vor Schreck, stumm vor Schock, stumm vor Scham. Die Vorwürfe, die Markus mir wütend entgegen schleuderte, trafen mich schwer: dass ich mich nie wirklich geöffnet hätte, dass ich träge und bekifft mein Leben vergeuden würde, dass ich viel zu viel Zeit mit meinen Büchern verbrächte, dass ich immer nur gegen alles, aber nie für etwas wäre, dass ich seine Unzufriedenheit nicht ernst genommen hätte, dass unsere gemeinsame Entwicklung schon lange still stünde und wir unsere Leidenschaft verloren hätten, dass Lara ihm geben würde, was er an mir oder mit mir schon so lange vermisst hatte und es ihm seit langem endlich mal wieder gut ginge. Und dieses „Gutgehen" würde er sich von mir nicht nehmen lassen.

„Ich bin nicht bereit, Lara aufzugeben. Ich möchte dieses neue Gefühl ausleben und ich denke, dass mir das zusteht. Ich brauche einfach Zeit, um mir klar zu werden, und diese Zeit musst du mir nun geben", sagte er schließlich und ließ mich wieder alleine im Wohnzimmer zurück. Ich hörte, wie er im Arbeitszimmer telefonierte und sich an seinen Rechner setzte. Das regelmäßige Klappern seiner Finger auf der Tastatur hallte durch die gespenstisch ruhige Wohnung. Ich hörte auch, wie Markus den Rechner wieder herunterfuhr, sich im Badezimmer die Zähne putzte und sich dann ins Bett legte. Ich befand mich in einer Art Schockstarre und saß die ganze Zeit bewegungslos auf meinem Sessel.

Nach einer endlos langen Zeit legte ich mich schließlich ins Bett, blieb aber die ganze Nacht wach. Tausend Gedanken jagten durch meinen Kopf, und ich konnte nicht aufhören, zu weinen und zu wimmern, während Markus schnarchend neben mir lag. Früh morgens fuhr er wieder zurück in die andere Stadt, zu der anderen Frau, und ich stellte mich schlafend, um mein verschmiertes und verheultes Gesicht zu verbergen und nicht mit ihm reden zu müssen. Markus würde am nächsten Wochenende nicht nach Hause kommen und die nächsten beiden Wochen nutzen, um sich über seine Gefühle klar zu werden. Zwei quälend lange Wochen lagen vor mir. Zwei Wochen voller Ungewissheit und Unsicherheit.

Ich meldete mich die ganze Woche krank – es war mir unmöglich, einfach so in meinen normalen Tagesablauf zurückzukehren. Ich setzte mich auf meinen Sessel, starrte dumpf und mit brennenden Augen in den Himmel und beobachtete die vorbeiziehenden Wolken. Ich konnte weder essen noch denken noch weiter weinen. Ich hatte in der letzten Nacht mehr geweint als in den letzten fünf Jahren zusammen.

Also saß ich einfach so da, fassungslos, leer, verlassen. Ich tat das, was ich immer tat, wenn ich mich in einer unangenehmen oder schmerzvollen Situation befand: Ich rauchte Gras und betäubte die Gefühle, die ich nicht ertragen konnte. Markus und ich waren seit sieben Jahren ein Paar, wir lernten uns während des BWL-Studiums an der Uni kennen. Wir saßen eines Tages zufällig nebeneinander im Hörsaal und kamen ins Gespräch, weil Markus die Hälfte der Unterlagen vergessen hatte und sich Stift und Papier bei mir ausleihen musste. Mir hatte seine offene und unkomplizierte Art gleich gefallen. Nach der Vorlesung gingen wir gemeinsam in der Mensa essen. Später fragte er mich, ob ich abends mit ihm und ein paar Freunden in einen Club in die Stadt kommen wollte. Ich wollte, und seit diesem Abend waren wir zusammen.

So unkompliziert und schnell wir uns damals gefunden hatten, so unkompliziert und einfach lief unsere gesamte Beziehung. Wir waren unzertrennlich und unternahmen alles zusammen. Wir mochten die gleichen Filme, die gleiche Musik, und ja, wir nahmen auch die gleichen Drogen. Ich rauchte meinen ersten Joint mit Markus zusammen, nahm die erste Pille und zog die erste Nase Koks. Wir gingen viel feiern und fühlten uns stark und unbesiegbar. Ich war mir sicher, dass wir für immer zusammenbleiben würden und dass uns nichts und niemand auf der Welt auseinander bringen könnte. Ich war mir unserer Besonderheit so sicher und sah nicht oder hatte nicht sehen wollen, dass wir uns langsam auseinandergelebt hatten. Was war mit uns passiert? Wann hatten wir aufgehört, miteinander zu reden?

Markus' Vorwürfe rührten tief in mir und ich wusste, dass er mit vielen Dingen recht hatte. Wenn ich daran dachte, wie selten ich in den letzten Jahren über einen längeren Zeitraum hinweg nüchtern, also nicht bekifft, gewesen war, schämte ich mich sehr. Ich hasste mich für all diese passiven Tage auf dem Sofa. Es schien mir, als hätte ich mit dem Kiffen unsere wilde Zeit festhalten wollen und dabei unsere Weiterentwicklung gestoppt.

Doch während ich darüber nachdachte, rauchte ich weiterhin ein Tütchen nach dem anderen. So saß ich da, suchte nach einem Sinn, den es nicht gab, und machte mir Vorwürfe. Dabei war mir eines ganz klar: Ich wollte Markus zurück, und ich würde für unsere Beziehung kämpfen. Ich wusste nur noch nicht wie.

Vakuum

Nach drei Tagen verließ ich das erste Mal die Wohnung, um einzukaufen. Der mir vertraute Supermarkt wirkte fremd und bedrohlich auf mich. Laute Menschen schoben übervolle Einkaufswagen an mir vorbei, Kinder plärrten und forderten Süßigkeiten oder irgendwelchen unnützen Plastikkram von ihren Eltern. Die Überfülle an Waren und Angeboten überforderte mich und ich war nicht in der Lage, einen Joghurt aus dem meterlangen Regal mit den immer gleichen Produkten in verschiedenen Verpackungen auszuwählen. Der Überfluss widerte mich an, und so verließ ich den Supermarkt, ohne etwas zu kaufen und lief ziellos durch die Straßen. Langsam mischte sich ein neues Gefühl zu meinem Schmerz: Wut. Ich war nicht die Einzige, die Fehler gemacht hatte. Auch Markus hatte unsere Beziehung vernachlässigt, war einfach in eine andere Stadt abgehauen und hatte sich dort ein schönes Leben gemacht und den Kopf in den Sand gesteckt. Was ging bloß in ihm vor? Dachte er an mich, wenn er bei ihr war? Wie oft war er bei ihr und was erlebten sie zusammen? War ich seine Vergangenheit und sie seine Zukunft? In meiner Fantasie wurde Lara zur Überfrau: witzig, intelligent, ehrgeizig, charmant, sinnlich, lustvoll, elegant, schön und voller Abenteuerlust. Immer wieder tauchten Bilder in mir auf und ich stellte mir vor, wie die beiden ihre Zeit miteinander verbrachten. Wie sie zusammen lachten, sich küssten, sich berührten und Markus ihr Zärtlichkeiten ins Ohr flüsterte, die früher mir galten.

Als ich wieder zu Hause war, bekam ich eine Nachricht von Markus – die erste, seit er Montagmorgen leise die Wohnung verlassen hatte.

„Wie geht es dir, Anna? Kommst du klar? Mache mir Sorgen, weil ich so lange nichts gehört habe. Markus."

Immerhin macht er sich Sorgen um mich, dachte ich und antwortete sofort: „Nicht gut, mache mir viele Gedanken über uns und nehme deine Vorwürfe sehr ernst. Ich bin mehr als bereit, an mir und uns zu arbeiten. Ich hoffe, es ist noch nicht zu spät. Ich liebe dich – Anna.“ Ich starrte den ganzen Abend auf mein Handy und wartete auf eine Antwort. Am Morgen, als ich vor einer Schüssel Müsli saß, die ich nicht essen konnte, kam endlich eine Nachricht von ihm: „Lass mir noch etwas Zeit. Markus.“

Das konnte alles oder nichts bedeuten, es war völlig unverbindlich. Es blieb mir nichts anderes übrig, als diese zwei Wochen, die immerhin schon zu einem Viertel um waren, abzuwarten. Mit etwas Glück würde Markus in dieser Zeit merken, dass ich ihm fehlte. Nachdem ich also vier Tage alleine mit meinen Gedanken und meinen Selbstvorwürfen verbracht hatte, nahm ich mir vor, mich in den nächsten Tagen etwas abzulenken. Für den Abend hatte ich mich mit Nina verabredet.

Mir war klar, dass es nicht leicht werden würde Nina zu erzählen, was passiert war. Ihr von der Affäre zu berichten war ein wenig so, wie das letzte Wochenende mit Markus noch einmal zu erleben. Meine eigenen Fehler einzugestehen, war sehr schwierig für mich, manche Dinge konnte ich nur im Flüsterton von mir geben. Nina war zwar überrascht und hätte Markus das niemals zugetraut, konnte meine dramatische Aufregung aber nicht so ganz nachvollziehen. So etwas passiere doch in fast allen Beziehungen mal, meinte sie. Und nach sieben Jahren sei es erst recht nicht ungewöhnlich, dass einer eine Affäre habe. Wenn ich nicht sofort Laras Nachricht gelesen hätte, dann wäre es wahrscheinlich nur eine harmlose Liebschaft geblieben, von der ich unter Umständen niemals erfahren hätte. Wenn Markus mich verlassen wolle, dann hätte er es längst getan. Nina kannte uns beide gut, und insgeheim hatte ich gehofft, dass Markus mit ihr gesprochen hätte und sie mir helfen könnte, die Situation besser einzuschätzen oder mir sagen könnte, wie ich mich am besten verhalten sollte. Aber sie wusste von nichts.

Nach dem Essen fuhren wir dann zusammen in die Stadt, um tanzen zu gehen. Sie meinte, ein wenig Abwechslung würde mir gut tun, und zunächst kam mir das auch so vor. Wir tranken, kifften und trafen später noch einen alten Bekannten, der ein wenig Koks dabei hatte und uns auf ein Näschen einlud. Ich war wild entschlossen, mich abzuschießen und alles zu vergessen. Ich wollte meine schweren Gedanken tanzend abschütteln, mit der Musik wegfliegen und mich wenigstens für einen Moment frei und leicht fühlen. Ich wartete ungeduldig, aber der Schalter in meinem Kopf legte sich nicht um. Das Gegenteil passierte – je mehr Drogen durch meinen Körper pulsierten, umso angestrengter und verschlossener wurde ich. Ich beobachtete die mehr oder weniger berauschten Gestalten um mich herum, ihre rhythmisch zuckenden Leiber, ihre entrückten Gesichter, ihre leeren Blicke. Ich gehörte nicht mehr dazu. Die Spaßgesellschaft hatte mich als Fremdkörper identifiziert und ausgespuckt. Irgendwann später kollabierte ich dann emotional. Ich erzählte auf der Toilette wildfremden Frauen von meinem schrecklichen Liebeskummer, warf mich schluchzend in verschwitzte Arme und unterhielt alle mit meiner weinerlichen Selbstanklage. Und obwohl ich sonst völlig dagegen war, tat mir die typische Damentoiletten-Solidarität gut. Man bemitleidete mich, verteufelte meinen untreuen Freund und tröstete mich mit einfachen Weisheiten, wie man sie in jeder Frauenzeitschrift findet: Mach dich rar, sei schön und verführerisch, lenk dich ab, kauf dir was Schönes, such‘ dir einen Liebhaber, finde alles über die fremde Frau raus.

Soweit ich mich erinnern kann, fand Nina mich dann irgendwann bei der Klofrau und setzte mich in ein Taxi. Als ich zu Hause in den Spiegel schaute, sah ich Erbärmliches: rote, geschwollene Augen, verschmierte Schminkreste und einen starren, angestrengten Blick. Meine Wangen waren hohl und eingefallen. Ich fühlte mich schrecklich, und genauso sah ich auch aus.

In der zweiten Woche versuchte ich, wieder zu so etwas wie Normalität zurückzukehren – zumindest äußerlich.

Ich ging wieder ins Büro und verrichtete mechanisch meinen Job, kaufte Lebensmittel ein, begann wieder regelmäßiger zu essen und wühlte mich durch die Wohnung: Ich entrümpelte den Balkon, strich das Geländer, pflanzte frische Blumen, wischte die Schränke aus und putzte die Fenster. Alles, um mich abzulenken und nicht alle fünf Minuten auf die Uhr oder das Handy zu sehen. Ich trank jeden Abend eine Flasche Wein und rauchte Gras, bis ich auf dem Sofa einschlief. Jeder einzelne Tag schien mir so zäh. Die Zeit verging unendlich langsam. Ich sehnte mich nach dem befreienden und erlösenden Schlaf, der mir die Hoffnung gab, dass der nächste Tag besser und Markus sich melden würde. Aber während diese einzelnen Tage zum Teil sehr lange dauerten, flossen die Tage in ihrer Gesamtheit in unglaublicher Schnelligkeit und Nutzlosigkeit dahin. Einen Tag gewartet, zwei Tage gewartet, drei Tage gewartet und so weiter. Es galt, bis zum Wochenende durchzuhalten. Ich versuchte, meine Erwartungen an das Wiedersehen nicht zu hoch zu schrauben und hoffte einfach nur auf ein wenig Nähe, Offenheit und eine Chance. Es gab so vieles, dass ich Markus sagen wollte.

Markus kam Samstagnachmittag. Ich war so aufgeregt, als wäre es unser erstes Date. Ich zog mich dreimal um und lief wie ein aufgescheuchtes Huhn in der Wohnung hin und her, bis er dann endlich klingelte. Schon dieses Klingeln schien mir befremdlich und ein schlechtes Zeichen, immerhin war es immer noch sein Zuhause, und da schließt man in der Regel einfach auf und kommt herein. Ich öffnete also schon etwas angeschlagen die Tür, klammerte mich sofort an ihn und weinte an seiner Brust, bis er mich mit einem überheblichen „Ist ja schon gut, jetzt beruhige dich mal wieder" von sich schob. Ich wollte mit ihm über uns reden, unsere Beziehung analysieren und gemeinsam herausfinden, was wir nun tun könnten, um wieder zueinander zu finden. Markus wollte nur mal sehen, wie es mir ging, ein paar neue Sachen holen und ansonsten so wenig wie möglich über uns sprechen. Er wollte seine Verliebtheit unbeschwert genießen und sich auf keinen Fall mit unseren Problemen oder irgendwelchen Entscheidungen beschäftigen. Im Grunde war er immer noch sauer, dass ich von Lara wusste und ihn zu einer Entscheidung drängte. Er brauchte eine Art Auszeit und verlangte von mir, eine Zeit lang auf „Pause" zu drücken, wobei er dieses „Zeit lang" nicht näher definieren wollte. Es konnten vier Wochen oder auch drei Monate sein. Obwohl mich seine Überheblichkeit und Unverschämtheit verletzten, fand ich ihn doch begehrenswert wie lange nicht mehr. Doch all meine zaghaften Annäherungsversuche wehrte er jäh ab – er wollte nicht mit mir schlafen, ja, mich nicht einmal richtig küssen. Wie naiv war ich doch, dass ich dachte, zwei Wochen Freiheit würden genügen!

Sonntagnachmittag fuhr Markus dann wieder und nahm mir mit seinem „Es ist wahrscheinlich besser für dich, wenn ich erst mal nicht nach Hause komme" den letzten Rest Hoffnung. Nun stand ich da mit all seinen Vorwürfen, meiner Schuld und meinen Einsichten und sollte mit diesem Wissen ruhig auf der Stelle stehen. Mir war, als könnte ich unsere Geschichte ganz klar vor mir sehen – mit einer Klarheit, die einem nur in den besonders schmerzhaften Momenten möglich ist und die die Begrenzungen von Zeit und Raum, die uns unser Bewusstsein normalerweise vorgibt, auflöste. Es war ein Wissen, das sich nicht in Worten ausdrücken ließ und das wie ein Knäuel alle Informationen, die ansonsten hintereinander lagen, untrennbar miteinander verwob. Es war eine tragische Geschichte und sie würde ein tragisches Ende nehmen. Diese Auszeit, die Markus von mir verlangte, würde ich ihm nicht geben können, weil ich nicht hier an dieser Stelle warten konnte. Ich musste weitergehen, weitergehen ohne ihn, was immer das bedeuten mochte.

Und wenn Markus an den Punkt kommen würde, sich wieder mit uns zu beschäftigen, dann würde ich nicht mehr da sein. Auch wenn in uns beiden die Möglichkeit zu einem Neubeginn schlummerte, so würden wir doch aneinander vorbeilaufen, weil sich diese Möglichkeiten zu verschiedenen Zeiten entfalten würden. Diese Erkenntnis war schmerzhaft und bitter und ich setzte alles daran, sie mit Gras zu ersticken.

Am nächsten Morgen leerte ich den Briefkasten und fand dort zwischen unzähligen Werbebroschüren Post von meiner Schwester. Nun wusste ich, was sie mir Tolles hatte erzählen wollen: Sie und Bernd würden im Juli heiraten. Einen unpassenderen Augenblick hätte sie sich wirklich nicht aussuchen können. Ich stopfte die Hochzeitskarte in meine Tasche und machte mich auf den Weg ins Büro. Abends rief ich meine Eltern an.

„Endlich, Anna. Wir versuchen schon seit Wochen, dich zu erreichen. Was ist denn los mit dir, warum meldest du dich nicht?“, sagte meine Mutter vorwurfsvoll.

„Mir geht es nicht so gut, Mama. Markus hat eine Affäre und ich weiß nicht, wie es mit uns weitergehen wird“, antwortete ich so offen, wie es mir eben möglich war.

„Ach Schätzchen, das ist ja schrecklich. Und das gerade jetzt, wo deine Schwester heiratet – dann wird Markus wohl nicht zur Hochzeit kommen, oder?“, sagte sie, und ich ärgerte mich über ihre Rücksichtslosigkeit.

„Ist das alles, was dich interessiert? Meine Welt bricht gerade zusammen und du machst dir Gedanken über die Gästeliste!“, antwortete ich.

„Ich hab ja immer gesagt, du hättest dein Studium nicht abbrechen sollen. Wie stehst du jetzt da? Ohne Mann und ohne Karriere!“

„Danke für die aufbauenden Worte. Jetzt geht es mir gleich viel besser.“

„Sei doch nicht immer so sarkastisch. Am besten, du

kommst für ein paar Tage nach Hause, dann kannst du bei den Hochzeitsvorbereitungen helfen. Das wird dich ablenken."

„Mal sehen, ich melde mich in den nächsten Tagen noch mal. Grüß Papa von mir."

Ich legte enttäuscht auf. Ich hätte so dringend etwas Zuspruch gebraucht, aber das war meiner Mutter einfach nicht möglich. Sicherlich machte sie sich nun ernsthafte Sorgen um mich, noch mehr, als sie es ohnehin schon tat. Aber die Art und Weise, wie sie diese Sorge mir gegenüber ausdrückte, machte mich einfach wütend. Was hatte Markus' Affäre mit meinem abgebrochenen Studium zu tun? Und welche Rolle spielte es, ob ich nun mit ihm oder ohne ihn zu der beschissenen Hochzeit kommen würde?

Ryszard

Ein paar Tage später rief ich Nina an, die schon einige Male versucht hatte, mich zu erreichen. Sie sorgte sich auch um mich, was ich nach unserem letzten gemeinsamen Abend verstehen konnte. Sie erzählte, dass Markus sich bei ihr gemeldet hatte, aber das Gespräch zwischen den beiden war überhaupt nicht so gelaufen, wie ich es mir erhofft hatte. Markus hatte sie gebeten, ein bisschen nach mir zu schauen, weil ich mich in einem so schlechten Zustand befand. Nina hat ihn zwar nach Lara gefragt, aber sich mit seinen Antworten zufrieden gegeben, ohne weiter nachzuhaken: Er sei schon länger unzufrieden in unserer Beziehung, ich hätte seine Beschwerden nicht ernst genommen und keine Anstalten gemacht, mich zu ändern. Nun hätte er sich eben verliebt und müsse diesem neuen Gefühl nachgehen. Er wolle sich nicht trennen – seiner Ansicht nach müsse und könne eine langjährige Beziehung so etwas aushalten.

Warum hatte Nina ihm nicht mal ein paar deutliche Worte gesagt? Warum hatte sie ihm nicht ins Gesicht geschrien, dass er sich extrem egoistisch und selbstgefällig verhielt? Dass er sich gut überlegen sollte, was er tat, weil unsere Beziehung auf dem Spiel stand und er sich etwas vormachen würde, wenn er meinte, ohne Konsequenzen mal für eine kurze Zeit vom Beziehungs-Zug abspringen zu können? Ich war enttäuscht und sauer. Niemand mischte sich ein und sagte Markus mal gehörig die Meinung. Oder meinte ich: meine Meinung?

Nina lud mich für Freitag ein – ein paar gemeinsame Freunde wollten zum Kochen und Essen vorbeikommen und ich sagte etwas widerwillig zu. Ich fühlte mich bemitleidet und in die „Armes Opfer"-Ecke gestellt. Aber vielleicht würde es mir helfen, mich aus meiner trägen Verzweiflung zu befreien. Ich saß nämlich noch immer die ganze Zeit alleine zu Hause auf meinem Sessel, rauchte Gras, trank Wein und schaute dabei müde aus dem Fenster. Draußen erwachte der Frühling und marterte mich mit einem strahlend blauen Himmel und zartgrün knospenden Bäumen. Alle Zeichen standen auf Neuanfang, aber ich sah nur, dass etwas aufblühte, um wieder unterzugehen. Dieser ewige Kreislauf von Kommen und Gehen schien mir mit einem Mal unerträglich grausam und deprimierend. Alles befand sich in einem unaufhaltsamen Wandel, und nun hatte dieser Wandel mein Leben ergriffen. Ich sträubte mich dagegen und wusste doch, dass ich mich gegen etwas wehrte, was nicht aufzuhalten war. Und auch wenn ich es eigentlich nicht wollte: Ich wartete immer noch. Ich wartete, dass Markus erwachen und zu mir zurückkehren würde. Ich wartete, dass irgendetwas passieren würde, das mir den Weg wies.

Freitagnachmittag, als ich wieder zusammengesunken auf meinem Sessel saß und aus dem Fenster starrte, fielen unsere Vorhänge von der Wand. Einfach so. Ich ließ sie liegen und nahm es als weiteres Zeichen für den Verfall meines Lebens hin.

Bei Nina erwartete mich eine vertraute Runde – es war ein Abend, wie Markus und ich ihn schon oft zusammen erlebt hatten und der mir seine Abwesenheit schmerzlich vor Augen führte. Alles in mir rebellierte gegen diese neue Situation, und dass mich anfangs niemand auf Markus ansprach, machte es nur noch schlimmer. Jörg und Steffi erzählten von ihren Urlaubsplänen, Nina redete von ihrer bevorstehenden Selbständigkeit. Es schien mir, als wären alle voller Pläne, voller Freude und voller Frühlings-Energie. Ich saß indessen auf der Küchenbank, trank Wein, rauchte Gras und lauschte dem aufgeregten Geplapper, das nichts mit mir zu tun haben schien. Später kam noch Sven dazu, der freitags in einem Club in der Stadt auflegte und uns zum Mitkommen überredete. Im Club nahm mich Steffi zur Seite und versuchte, mir etwas Mut zu machen. Sie und Jörg waren auch schon seit vielen Jahren ein Paar und sie hatten eine ähnliche Krise gemeistert. Steffi hatte vor zwei Jahren eine kurze Affäre, sich aber nach zwei Wochen für Jörg entschieden, der wie ein Held um sie gekämpft hatte. Er hatte ihr Briefe geschrieben,

Blumen geschickt und nachts vor ihrer Tür gestanden, um sie zurückzuerobern. Gerade als ich überlegte, ob ich lieber mit Blumen oder einer Flasche Martini nach Frankfurt fahren sollte, wurde mir plötzlich ganz schwindelig – was zum einen an der stickigen und verrauchten Luft in dem kleinen Club und zum anderen an meinem Gras- und Alkoholkonsum lag. Ich ließ Steffi an der Bar stehen und ging zur Toilette, um mir etwas kaltes Wasser über Arme und Gesicht laufen zu lassen. Das wirkte auch für einen kurzen Moment. Dann wurde mir schwarz vor Augen. Ich stürzte und schlug mit dem Kopf auf das Waschbecken. Meine Handtasche fiel mit mir zu Boden und der Inhalt verteilte sich auf den schmierigen Fliesen. Der Sturz machte mich schlagartig wieder nüchtern und ich stand schneller wieder auf den Beinen, als ich gefallen war. Meine Lippe blutete und ein Stückchen von meinem Schneidezahn war abgebrochen. Das Blut in meinem Mund schmeckte eklig und ich konnte die scharfe Kante des Zahnes mit meiner Zunge spüren. Ich wollte auf keinen Fall, dass mich die anderen so sahen und räumte hastig meine Handtasche wieder ein. Dann schlich ich heimlich aus dem Club und lief zum Taxistand.

Als ich endlich zu Hause war, konnte ich meinen Schlüssel nicht finden. Ich musste ihn bei dem Sturz im Club verloren haben. So stand ich alleine und blutverschmiert vor der verschlossenen Tür. Was für ein beschissener Abend! Noch einmal schüttete ich meine Tasche aus, um ganz sicher zu gehen, dass der Schlüssel sich nicht doch in irgendeiner Ecke versteckt hatte. Aber da war nichts, kein Schlüssel weit und breit. Es blieb mir nichts anderes übrig, als einen unverhältnismäßig teuren Schlüsseldienst zu rufen. Aber die Haustüre wollte ich auf keinen Fall aufbrechen lassen. Da müsste ich am Ende der gesamten Hausgemeinschaft einen neuen Schlüssel übergeben und mich und meine Situation auch noch erklären. Klingeln wollte ich auch nicht, das hätte mich ja genauso zum Hausgespräch gemacht. Also beschloss ich, zu warten, bis jemand die Haustür öffnen würde, um dann den Schlüsseldienst zur Öffnung der Wohnungstüre zu rufen. Ich setzte mich auf die Treppe, rauchte erstmal ein Tütchen und wartete ungefähr eine Stunde, bis Herr Schneider aus dem Haus kam, der an diesem Tag glücklicherweise Frühdienst hatte.

„Ich bin überfallen und ausgeraubt worden", sagte ich, um seinen Fragen und seinen Mutmaßungen zuvorzukommen. Sein zunächst ablehnender Blick wurde weich und sanft, und er ließ mich mit ein paar tröstenden Worten ins Haus.

Nach einer weiteren Stunde kam dann endlich mein Retter: Ryszard, der Mann vom Schlüsseldienst. Riesengroß und klapperdürr entfaltete er sich aus dem viel zu kleinen Auto, an dessen Fenster ein provisorisch angebrachter Zettel mit der Aufschrift „Schlüsseldienst im Einsatz" hing. Seine Kleidung war auffallend bunt, um seinen Hals hingen mehrere Ketten mit Perlen und Anhängern mit orientalisch anmutenden Symbolen, und sein schütteres Haar war zu einem dünnen Zopf zusammengebunden. Freudestrahlend und mit einem kleinen Werkzeugkoffer in der Hand, der überhaupt nicht zu ihm und seiner Größe passte, trat Ryszard auf mich zu. Und immer noch freudestrahlend streckte er mir seine Hand zum Gruß entgegen und sagte: „Hallo, ich bin Ryszard. Wie kann ich dir helfen?"

Dann stutzte er und fügte hinzu: „Was ist denn mit dir passiert? Deine Lippe ist ja ganz blutig."

„Nichts", entgegnete ich schroff. „Ich habe meinen Schlüssel verloren und will einfach nur in meine Wohnung."

Ryszard öffnete im Handumdrehen die Wohnungstür, ging wie selbstverständlich hinein und sah sich neugierig um, so als hätte er meine Ablehnung gar nicht bemerkt. Ich war viel zu müde, um mich über sein Verhalten zu wundern oder sein ungefragtes Eindringen zu verhindern. Er blieb vor dem Bild einer indischen Gottheit stehen, das in einem kitschigen, goldenen Rahmen in unserer Diele hing.

„Shiva, der liebevolle Zerstörer, der mit seiner Verwüstung die Möglichkeit für den Neuanfang schafft", murmelte er leise vor sich hin und fragte dann etwas lauter: „Interessiert du dich für die indische Kultur?"

„Ein bisschen", sagte ich, obwohl ich wenig über die Götter des Hinduismus und ihre komplizierten Bedeutungsgebilde wusste. Mir hatte das Bild einfach gefallen. Außerdem war Shiva der Lieblingsgott der Hippies, weil Marihuana einer seiner Lieblingspflanzen war. Auch einer der Gründe, warum er es an meine Wand geschafft hatte. Markus hatte das Bild übrigens nie gemocht. Ryszard drehte sich wieder zu mir um, kam auf mich zu und sah mich an.

„Du siehst aus, als hättest du keinen besonders guten Abend gehabt. Möchtest du mir nicht erzählen, was passiert ist?", fragte er und legte seine Hände auf meine Schultern. Ich spürte die Wärme, die von seinen Händen ausging. In seinem Blick lagen Mitgefühl und Güte. Ich konnte mich nicht erinnern, wann mich jemand das letzte Mal so aufrichtig interessiert und mitfühlend angesehen hatte. Die Anspannung der letzten Wochen löste sich und ich begann zu weinen. Ryszard nahm mich in den Arm und ich schluchzte wie ein kleines Kind, das bei seiner Mutter Trost sucht. Er fragte nicht weiter, sondern ließ mich einfach weinen.

Nach einer Weile löste ich mich von ihm, ging in die Küche und setzte mich erschöpft auf einen der Küchenstühle. Ryszard folgte mir, nahm ein Taschentuch aus seiner Tasche, befeuchtete es mit Wasser und wischte mir vorsichtig das Blut von meiner Lippe.

„Du solltest deine Lippe kühlen, damit sie nicht noch weiter anschwillt", sagte er, suchte einen Eiswürfel aus unserem Gefrierschrank und gab ihn mir.

„Soll ich uns vielleicht einen Kaffee machen?", fragte er weiter.

„Ich mache das schon“, sagte ich knapp. Ich suchte die Espressokanne und füllte Wasser und Kaffee ein. Ich fand noch ein paar Kekse und etwas Schokolade, die ich zusammen mit Milch und Zucker auf den Tisch stellte. Der heiße Kaffee tat mir gut. Dann begann ich zu reden. Ich erzählte Ryszard von Markus und seiner Affäre, von seinen Vorwürfen, meiner Verzweiflung und meiner Hoffnung. Ich erzählte so offen wie noch nie. Und das, obwohl ich diesen Mann überhaupt nicht kannte und wahrscheinlich auch nie wieder sehen würde. Ich beschönigte nichts und ich ließ auch nichts aus, bis ich schließlich bei den Ereignissen der letzten Nacht angekommen war. Ryszard hörte mir die ganze Zeit aufmerksam zu. Er blieb bis zum späten Vormittag und gab mir zum Abschied seine Telefonnummer.

„Ruf mich an, wenn du jemanden zum Reden brauchst. Ich würde mich sehr freuen“, sagte er, und ich zweifelte keinen Moment daran, dass er es ernst meinte. Über ihn hatte ich nicht viel erfahren. Er war Anfang vierzig, polnischer Abstammung, begeisterter Yogalehrer, geschieden und hatte einen dreizehnjährigen Sohn, der bei seiner Mutter in Polen lebte. Ryszard wohnte erst seit ein paar Wochen hier in der Gegend und seine Anstellung beim Schlüsseldienst war auch noch ganz frisch.

Als ich am nächsten Morgen erwachte, dachte ich wieder mal, dass ich so nicht weiter machen konnte. Die ersten Wochen hatte ich einfach nur gewartet und gehofft, dass sich das Problem innerhalb kürzester Zeit von alleine erledigen und ein reumütiger Markus zurück in meine offenen Arme stürzen würde. Diese Illusion hatte sich längst zerschlagen, aber ich saß immer noch untätig und ungläubig in der verlassenen Wohnung und wartete auf ein Wunder. Die wenigen Telefonate, die ich mit Markus führte, waren eine Farce. Er fragte mich, wie es mir gehe und was ich so machte, und ich sagte: „Geht so, ich denke viel an dich“, oder: „Nichts Besonderes, war am Samstag mit Steffi, Jörg und Nina im Club, Sven hat aufgelegt". Was wirklich in mir vorging, konnte ich nicht sagen. Genausowenig wie er mir erzählen konnte, was er die ganze Zeit tat. Auch ihm blieben also nur Belanglosigkeiten wie: „Wir haben im Moment viel zu tun im Büro" oder: „Ich war heute Morgen laufen". Wohin sollte das führen? Wozu war das gut? Es fühlte sich falsch und verlogen an und zerstörte mehr, als dass es uns half. Ich hatte kaum geschlafen in den letzten Wochen, und auch sonst war mein Lebensstil alles andere als gesund. Markus musste sich endlich entscheiden, und wenn er dazu nicht in der Lage war, dann musste ich eben eine Entscheidung treffen. Ich wollte ihn nicht teilen und ich wollte auch nicht tatenlos zusehen, wie er mir entglitt. Ich nahm mir vor, am kommenden Wochenende offen mit Markus über eine mögliche Trennung zu sprechen – nicht, weil ich ihn nicht mehr wollte, sondern nur, weil das unsere einzige Chance war, vielleicht wieder zueinander zu finden. Dieser Entschluss tat mir gut, auch wenn er bisher nur in der Theorie bestand.

Außerdem rief ich endlich meine Schwester an. Überraschenderweise war das Gespräch gar nicht so schlimm, wie ich befürchtet hatte. Sie versuchte aufrichtig, mich zu trösten und meinte, dass sie Markus schon immer für einen Angeber gehalten hatte und sich über sein Verhalten nicht wirklich wunderte. Er sei ein eitler Pfau und würde sich in der Rolle des Vielumschwärmten wahrscheinlich gut gefallen. Meine einzige Chance, ihn zurückzuerobern, sei, ihn freizulassen. Natürlich erzählte sie auch ausführlich über die geplante Hochzeit, den Heiratsantrag und ihren Verlobungsring. Ach, wie mich dieser schlechte Romantik-Kitsch nervte – jetzt noch mehr als sonst schon. Bernd und sie hatten ein Wochenende in einem Wellness- und Beauty-Hotel geplant, und als sie dort ankamen, war das ganze Hotelzimmer mit Rosenblüten ausgestreut, die zum rot bezogenen Bett führten. Dort stand eine Flasche Champagner und ein kleines

Schmuckdöschen. Katrin war sofort klar, was kommen würde, als Bernd auch schon auf die Knie fiel und feierlich um ihre Hand anhielt. Unter Tränen der Rührung sagte sie „Ja“ und seitdem planten sie den großen Tag, der mit mindestens 100 Gästen in einem kleinen Waldschloss mit eigener Kapelle stattfinden sollte. Sie fragte mich allerdings auch, ob ich ihre Trauzeugin sein würde, und ich musste ebenfalls „Ja“ sagen, obwohl ich mir das im Moment nicht vorstellen konnte. Wer will schon eine Trauzeugin, die mitten in der Zeremonie schluchzend zusammenbricht?

Freitag rief ich Ryszard an und bedankte mich für seinen Beistand und seine wohltuende Anteilnahme. Wir sprachen nicht lange, weil er gerade für den Schlüsseldienst unterwegs war, verabredeten uns aber für Montagabend zum Essen.

Markus kam am Samstag, und diesmal überraschte es mich nicht, dass er klingelte. Wir tranken Kaffee zusammen und ich versuchte, das Gespräch so gefasst wie möglich zu beginnen.

„Markus, so geht das nicht weiter mit uns. Wir müssen eine Entscheidung treffen“, sagte ich.

„Ich habe dir schon gesagt, dass ich Lara im Moment nicht aufgeben kann. Bitte versuche nicht, mich unter Druck zu setzen“, antwortete er und verschränkte seine Arme vor der Brust.

„Ich weiß, das hast du mehr als deutlich gemacht. Aber es geht hier nicht nur um dich. Ich kann diese Situation nicht länger aushalten.“

„Anna – alles was ich von dir will, ist etwas Zeit. Für mich ist die Situation auch nicht einfach, das kannst du mir glauben. Und Lara leidet auch darunter.“

„Die arme Lara, erwarte bitte kein Mitleid von mir!“, sagte ich wütend und verließ das Zimmer.

Ich wollte keinen emotionalen Zusammenbruch und ich wollte auch nicht hysterisch werden. Also rauchte ich einen Sticki auf dem Balkon, atmete tief durch und ging wieder ins Wohnzimmer.

„Dann gibt es nur eine Möglichkeit für mich, Markus. Ich muss mich von dir trennen. Ich muss mich trennen, obwohl ich dich über alles liebe. Ich muss mich trennen, weil das die einzige Chance ist, dass du begreifst, was auf dem Spiel steht. Ich muss mich trennen, damit wir wieder zueinander finden können“, sagte ich mit zitternder Stimme. Es fiel mir unendlich schwer, diese Sätze auszusprechen, und ich sah in seinem Gesicht, dass er damit nicht gerechnet hatte.

„Tu das nicht, Anna“, sagte Markus nach einer Weile leise. Sein aggressiver Unterton war verschwunden und ich sah das erste Mal Risse in seiner Schutzmauer, erahnte das erste Mal seine Verletzlichkeit.

„Es geht nicht anders – du weißt, die Tür steht dir immer offen. Aber wenn du kommst, dann will ich dich ganz. Ich kann und will dich nicht teilen.“

An diesem Nachmittag waren wir uns so nahe wie lange nicht mehr. Wir umarmten uns und lagen eng umschlungen auf dem Sofa. Geredet wurde kaum. Es war alles gesagt. Die Wohnung wollten wir noch eine Weile halten, unseren Kontakt aber reduzieren, um herauszufinden, wie sich die Trennung für uns beide anfühlte. In Wahrheit hoffte ich, dass Markus nun endlich anfangen würde, über die Konsequenzen seines Handelns nachzudenken, sich von Lara trennen und wieder zu mir zurückkommen würde. Als Markus abends wieder fuhr, fühlte ich mich traurig und leer. Ich wollte niemanden sehen und mit niemandem reden. Also kramte ich die Kiste mit unseren Fotos heraus, sah die Bilder an und ließ unsere gemeinsame Zeit, unsere Urlaube, unseren Einzug in die Wohnung und unsere Erinnerungen an mir vorbeiziehen. Dabei trank ich eine Flasche Wein, rauchte unzählige Zigaretten und Tütchen, weinte, schluchzte und sprach mit mir selbst. Wir hatten so schöne Jahre miteinander gehabt. Ich war mir so sicher gewesen, dass wir für immer zusammen bleiben würden. Ich erinnerte mich an ein Gespräch über Treue, das wir einmal im Urlaub geführt hatten. Wir waren beide der Meinung gewesen, dass ein Seitensprung in einer dreißig oder vierzig Jahre dauernden Beziehung normal und zu erwarten sei. Den Glauben an eine lebenslange und zu jeder Sekunde bestehenden Treue empfanden wir als romantisch verklärt und wirklichkeitsfern. Zumindest ich hatte dabei ausschließlich an einen Seitensprung, eine einmalige und unbedachte Ausnahme gedacht und niemals eine längere Affäre in Betracht gezogen. Die Möglichkeit, dass Gefühle ins Spiel kommen könnten, hatte ich einfach beiseite geschoben. Das schien mir jetzt erst recht romantisch verklärt und wirklichkeitsfern.

Montag traf ich mich mit Ryszard. Wir gingen zum Portugiesen essen und unterhielten uns wieder die ganze Zeit über meine momentane Situation – eine völlig neue Erfahrung für mich. Ryszard bewertete die Trennung als guten Schritt, der mich frei machte und mich endlich in die Lage versetzte, mich um die wirklichen Probleme zu kümmern, oder, wie er sagte, „nach den wahren Ursachen“ zu forschen.

„Was meinst du damit? Ich habe doch die letzten Wochen nichts anderes getan, als über mich und meine Fehler und Versäumnisse nachzudenken“, sagte ich erstaunt und angegriffen.

„Das mag ja sein, aber hast du auch etwas geändert? Was bringen dir deine Erkenntnisse, wenn du sie nicht in die Tat umsetzt?“

„Aber ist es nicht Markus, der mit seinem egoistischen Verhalten jede Veränderung blockiert und mir die Möglichkeit nimmt, etwas zu ändern?“

„Da machst du es dir zu leicht. Nichts geschieht ohne Grund. Alles was mit dir oder um dich herum passiert, hat seinen Ursprung in deinen Gedanken und deinen Handlungen. Du kannst immer nur mit dir und bei dir selbst beginnen. Du befindest dich gerade an einem Nullpunkt, und genau da liegt eine große Chance für dich."

Ryszards Worte trafen einen wunden Punkt. Trotzdem, oder vielleicht genau deswegen, reagierte ich zunächst mit Ablehnung und Widerstand. Wer, wenn nicht Markus, war denn Schuld an meinem momentanen Stillstand? Ich wollte ja, aber man ließ mich nicht.

Entschluss

Als ich abends im Bett lag und über unser Gespräch nachdachte, wurde mir mein kindisches Verhalten klar. Ich brauchte nicht lange darüber nachzudenken, welches Problem ich angehen musste. Es lag auf der Hand oder besser gesagt in einer kleinen indischen Holzkiste unter meinem Bett. Ich musste aufhören, zu kiffen, und damit meinte ich nicht ‚weniger rauchen', sondern ganz aufhören. Während mein Verstand mir ganz klar sagte, dass dies die einzig sinnvolle Option war, schrie ein anderer Teil in mir ganz laut: „Nein, das darfst du mir nicht auch noch nehmen, es gehört zu mir, es macht mich aus, ein bisschen weniger rauchen reicht doch auch!" und verharmloste das Problem, verniedlichte es zu einer etwas aus der Bahn geratenen schlechten Angewohnheit. Hatte nicht jeder einen kleinen Fluchthelfer? Ob Feierabendbierchen, Frustfressen, Powershopping oder Pausenzigarette – stand nicht hinter allem die gleiche Sehnsucht, sich für einen Augenblick von der Schwere oder der Leere des eigenen Lebens zu befreien? Ich beschloss, meine alten Tagebücher zu lesen. Vielleicht würde ich hier einen Hinweis finden, der mir weiterhelfen würde.

Also ging ich am nächsten Tag nach der Arbeit in den Keller, um meinen braunen Koffer mit den alten Tagebüchern und Kalendern zu holen. Der Koffer, den ich vor vielen Jahren auf dem Trödelmarkt gekauft hatte, stand schon ziemlich lange in unserem Keller, und ich musste einige Möbelstücke und Kisten beiseite räumen, bis ich ihn endlich gefunden hatte. Zuerst blätterte ich wahllos in den Aufzeichnungen aus meiner Mädchenzeit, um mich dann zu den aktuelleren Notizen vorzuarbeiten. Ich las bis tief in die Nacht und fand viele Erinnerungen und unliebsame Wahrheiten, die ich erst mal verdauen musste. Zunächst hielt ich in meinen Tagebüchern die Dinge fest, die mir so begegneten: Mein Leben mit Markus, Treffen mit Freunden, gemeinsame Unternehmungen, Bücher, die ich las und liebte und meine Gedanken dazu, die mal zustimmend und begeistert, mal herablassend und hochmütig und manchmal auch ein wenig philosophisch waren. Diese Passagen mochte ich am liebsten. Ich war voller Ideen und Pläne und nahm das Schreiben und meine Reflexionen sehr ernst. Aber nach und nach schob sich ein anderes Thema in den Vordergrund: das Kiffen bzw. das Weniger-Kiffen-Wollen. Ich rauchte seit vielen Jahren mehrere Tütchen am Tag, und während mich das Gras am Anfang beflügelt hatte, machte es mich irgendwann nur noch träge und dumpf. Ich konnte den sich verkleinernden Radius meiner Gedankenwelt, diesen drogenbedingten Schrumpfungsakt, an meinen Eintragungen sehr genau ablesen. Und obwohl ich immer wieder davon schrieb, endlich weniger rauchen zu wollen, um klarer denken zu können, tat ich das genaue Gegenteil. Je mehr ich mich mit dem Nicht-Kiffen beschäftigte, umso mehr rauchte ich. Es gab natürlich immer wieder Versuche, weniger oder nicht mehr zu rauchen, aber die waren nur von kurzer Dauer. Ich musste mir eingestehen, dass es mir unmöglich war, einen normalen Umgang mit Gras zu finden. Wenn wir etwas im Haus hatten (und das war dank meines Einsatzes fast immer der Fall), dann konnte ich nicht anders, als einen nach dem anderen zu rauchen. Es war, als wären alle anderen Handlungsoptionen ausgelöscht.

Das bedeutete aber nicht, dass es mir gut dabei ging. Im Gegenteil, ich tauschte Leere gegen Vakuum, Unruhe gegen Betäubung. Drogen führten eben nicht zu Freude und Fülle, sondern halfen nur, die Leere für einen kurzen Moment zu überspielen. Jedenfalls wurde mir klar, warum ich nicht mehr geschrieben hatte. Weil ich es nicht ertragen konnte, immer dasselbe zu schreiben. Ich stand damals vor der Entscheidung, entweder etwas an meinen Gewohnheiten zu ändern oder aufzuhören, ständig von diesen Änderungen zu schreiben. Ich hörte also vor ungefähr zwei Jahren auf, zu schreiben, und das war definitiv die falsche Entscheidung gewesen.

Ich saß in dieser Nacht noch lange auf meinem Sessel,

und das erste Mal seit Wochen dachte ich nicht an Markus, sondern an mich. Ich ging in meinen Betrachtungen eine Schicht tiefer. Das Rauchen war nur ein Symptom für ein Problem, das darunter lag. Ich war auf der Flucht vor mir selbst, obwohl ich vorgab, auf der Suche nach mir zu sein. Ich hatte auf eine für mich fatale Weise Kontemplation mit Rausch verknüpft und meine Sinne und meine Gefühle betäubt. Ach, wie hochmütig war ich gewesen und wie blind gegen mich selbst. Und dennoch: All dieses wissend, war ich mir nicht sicher, ob ich es aus eigener Kraft ändern konnte oder wollte. Das Gras war mir längst zu einer Krücke geworden, die mir half, mit unangenehmen Situationen und Gefühlen umzugehen. Konnte ich überhaupt noch alleine laufen?

Ich brauchte noch drei weitere Tage, um mich zu dem alles entscheidenden Entschluss durchzuringen. Ich würde kein neues Gras mehr kaufen. Am Samstag rauchte ich das letzte Blütchen. Sonntag war ich unruhig und nervös, tigerte den ganzen Tag durch die Wohnung und rauchte eine Zigarette nach der anderen, bis mir der Hals schmerzte. Ich ging hinaus in den Frühling und lief stundenlang durch den nahe gelegenen Wald, um mich abzulenken, aber ohne wirklich etwas um mich herum wahrzunehmen. Ich lief wie durch einen Tunnel, der eng und dunkel war. Ich schlief extrem schlecht in den nächsten Nächten und wachte immer wieder schweißüberströmt auf.

Mehr als einmal kam ich an den Punkt, an dem ich entweder Kai anrufen oder nach Holland fahren wollte. Einmal ging Kai zum Glück nicht ans Telefon, ein anderes Mal war die Autobatterie leer, weil ich das Licht angelassen hatte, und ich konnte nicht nach Holland fahren. Die anfängliche Euphorie war schnell verflogen und machte einer gereizten Unruhe Platz, die kaum zu ertragen war. Ich war die ganze Zeit auf der Suche nach Ersatzräuschen. Mal ein Bierchen, mal ein Schlückchen Martini, und immer noch wahnsinnig viele Zigaretten.

Mittwoch durchwühlte ich die ganze Wohnung, um zu schauen, ob nicht doch noch irgendwo ein kleines Restchen versteckt war, fand aber glücklicherweise nichts. Im Grunde hatte ich in den letzten zehn Jahren bis auf wenige Ausnahmen von morgens bis abends gekifft, und es fiel mir schwer, mir das so klar einzugestehen.

Mir kamen Erich Fromms Ausführungen zu den zwei Plänen in den Sinn. Fromm sagte, dass es im Leben vieler Menschen zwei verschiedene Pläne gebe. Einen bewussten Lebensplan, der vermeintlich das Leben bestimme, und einen unbewussten Lebensplan, der zwar verdrängt würde, aber der bestimmende Motor des Handelns sei. Der bewusste und offizielle Lebensplan sei in der Regel gesellschaftlich akzeptiert und voller positiver Motive. Er lasse die Person in einem guten Licht erscheinen – und zwar sich selbst und anderen gegenüber. In Wirklichkeit diene er aber nur der Verdeckung und Erfüllung des geheimen Planes, der entweder eine Idealisierung des offiziellen Planes oder auch das genaue Gegenteil sein könne. Ich versuchte, diese Theorie auf mich anzuwenden, und dabei kam folgendes heraus:

Mein schöner Plan: Ich wollte mich selbstverwirklichen und meinen individuellen Lebensentwurf finden und leben. Also gab ich mein BWL-Studium auf und nahm zunächst einen einfachen Bürojob an, um mehr Zeit für die existenziellen Fragen des Lebens zu haben und nicht in dem zerrüttenden Karriere-Karussell zu enden und meine ganze Zeit mit Geldverdienen und Geldausgeben verschwenden zu müssen. Ich hatte mich bewusst von dem geraden Weg verabschiedet, um denkend, lesend und schreibend meinen Weg und meine Erfüllung zu finden. Dabei hatte ich oft über alternative Studiengänge wie zum Beispiel Psychologie, Philosophie oder Literatur nachgedacht, mich aber bisher für keinen entscheiden können.

Mein geheimer Plan: Während meines BWL-Studiums hatte ich angefangen, zu kiffen und Gefallen daran gefunden, weil es auf eine rational nicht zu erklärende Weise meiner Abneigung gegen die Gesellschaft Ausdruck verlieh und mir ein Gefühl von Freiheit gab. Das Studium hatte mich nicht wirklich interessiert, und ich war nicht bereit gewesen, das zur Bewältigung nötige Engagement aufzubringen. Also hatte ich mir einen einfachen Job gesucht, der es mir ermöglichte, meinen Lebensunterhalt zu sichern und trotzdem munter weiter zu kiffen, ohne dass es jemandem auffiel. Dabei hatte ich den Großteil meiner Energie in das Beschaffen und Rauchen von Gras gesteckt und vor mich hingeträumt.

Das war bitter – wahrscheinlich lag die Wahrheit irgendwo zwischen diesen beiden Extremen, aber es war unbestreitbar, dass ich zwar über die richtigen Motive verfügte, aber seit langem in die falsche Richtung lief.

Neben den Schlafproblemen hatte ich mit starken Gefühlsschwankungen zu kämpfen. Ich weinte bei jeder nur erdenklichen Gelegenheit: eine verspätete Bahn, ein unfreundliches Wort am Arbeitsplatz, ein unangenehmer Blick in der Bahn, eine leere Milchtüte und der daraus resultierende Verzicht auf meinen geliebten Morgenkaffee, ein sich lösender Knopf, ein herumliegendes Kleidungsstück von Markus. Sogar einfach gestrickte Werbespots, in denen Mütter ihre frisch gewickelten Babys in die Arme schlossen oder Töchter sich mit einer Tafel Schokolade für die Liebe ihrer Mutter bedankten, brachten mich zum Weinen. Meine emotionale Schutzmauer bekam Risse. Es schien mir, als würden mit einem Mal all die Gefühle und Frustrationen der letzten Jahre über mich hereinbrechen, die ich nicht zugelassen, sondern mit einem Tütchen erstickt hatte. Ich war außerdem extrem reizbar und aggressiv – im Büro reagierte ich zum Beispiel in einer völlig harmlosen Situation völlig über. Das war sonst nicht meine Art. Zwei Studentinnen, die regelmäßig Interviews für uns durchführten, sagten mir kurzfristig einen wichtigen Job ab. Angeblich wurde ein Abgabetermin für eine Hausarbeit nach vorne verschoben und sie mussten die nächsten Tage lernen und konnten somit keine Feldbefragungen durchführen. Das hieß für mich: kurzfristig Ersatz suchen und vielen Studenten hinterhertelefonieren. Ärgerlich, aber normaler Bestandteil meines Jobs. Ich schrie die beiden daraufhin ziemlich hysterisch an, dass ich mich nicht länger verarschen lassen würde und es ja wohl auf der Hand liegen würde, dass sie sich irgendwo in die Sonne setzen würden und einfach keinen Bock auf Arbeiten hätten. Dass ich nicht der Idiot vom Dienst sei und sie sich einen neuen Nebenjob suchen könnten, wenn das noch mal vorkommen würde. Das ganze Büro bekam meinen Auftritt mit, und es dauerte nicht lange, bis meine Chefin Kristine mich sichtlich irritiert darauf ansprach. Was sollte ich sagen? Grasentzug wäre zwar eine plausible, aber sicherlich keine beruhigende Erklärung für sie gewesen. Also erzählte ich ihr von Markus und der erst kürzlich erfolgten Trennung. Das beruhigte sie und sie schickte mich verständnisvoll nach Hause.

Ungeziefer

Ryszard half mir in dieser Zeit sehr. Er war immer da, wenn ich jemanden zum Reden brauchte, und er gab mir das Gefühl, das Richtige zu tun, ohne mich jemals zu verurteilen.

„Du bist auf dem richtigen Weg und setzt dich endlich mit deinen Dämonen auseinander. Bevor man das Licht erblickt, muss man erst hinabsteigen und sich in seinem Keller umsehen", sagte er eines Abends zu mir. Ryszard liebte diese bildhaften Vergleiche und obwohl ich mich oft fragte, wo er diese Kalender-Weisheiten hernahm, schaffte er es doch, mich stutzig zu machen und zum Nachdenken anzuregen.

„Das Seltsame ist, dass ich immer der Meinung war, dass ich das längst tue. Ich kam mir immer sehr selbstkritisch vor. Aber in diesem Punkt war ich völlig blind."

„Sei nicht so hart zu dir selbst. Jede Entscheidung hat seine Zeit. Du warst eben noch nicht soweit."

„Aber bin ich jetzt soweit? Es bricht so viel auf einmal weg und ich habe nichts, an dem ich mich festhalten könnte. Wenn ich weiter die ganze Zeit hier herumsitze, fange ich irgendwann wieder an, zu kiffen. Ich muss diese Leerstelle irgendwie füllen, ich muss irgendetwas tun, um mich abzulenken."

„Hast du dich nicht genug abgelenkt in den letzten Jahren? Wie wäre es zur Abwechslung mal mit Konzentration statt Zerstreuung? Ich könnte dir Yoga-Unterricht geben und dir ein paar Übungen zeigen, wenn du magst. Es würde dir helfen, etwas ruhiger und achtsamer zu werden und dein inneres und äußeres Gleichgewicht wieder zu finden."

Ich war skeptisch – es schien mir einfach zu klischeehaft. Frau in der Krise macht Yoga und findet wieder zu sich selbst. Vor meinem geistigen Auge sah ich wohlhabende Frauen mittleren Alters, allesamt enttäuscht und vernachlässigt von ihren Ehemännern und gelangweilt vom Leben, die sich in einer schicken Finca auf Mallorca um einen charismatischen Möchtegern-Guru scharten, um ihrem Leben einen neuen Sinn zu geben. Mangels besserer Alternativen und auch um Ryszard einen Gefallen zu tun, sagte ich dennoch zu und nahm Yoga-Stunden bei ihm. Er zeigte mir ein paar einfache Übungen, die ich auch alleine zu Hause machen konnte. Nach den Übungen sollte ich ein paar Minuten ruhig sitzen und mich nur auf meinen Atem konzentrieren. Erste Meditationsübungen für mehr innere Ausgeglichenheit und zur Verbesserung meiner Konzentrationsfähigkeit, erklärte mir Ryszard. Die Yoga-Übungen fielen mir zunächst sehr schwer und führten mir meine Unbeweglichkeit und meine Unkonzentriertheit deutlich vor Augen. Aber gut, dachte ich, Yoga statt Morgentütchen, das ist ein sinnvoller Schritt, den man ruhig mal weiterverfolgen konnte.

Außerdem nahm ich mir vor, meinem sozialen Leben wieder etwas mehr Aufmerksamkeit zu schenken. Ich versprach meiner Schwester, sie zu besuchen und sie bei der Auswahl ihres Hochzeitskleides zu unterstützen. Sie hatte schon eine Vorauswahl getroffen, wollte aber meine Meinung hören, bevor sie sich endgültig entschied.

Vorher besuchte ich Nina und wollte ihr von meinen Gehversuchen ohne Gras erzählen, aber dazu kam ich gar nicht mehr. Denn Nina erzählte den ganzen Abend von ihrer Selbstständigkeit: ihr Büro, ihr Logo, ihr Briefpapier, ihre Website, ihre Preisliste und ihre ersten Kunden. Ein regelrechter Monolog, den ich kaum ertragen konnte. Da ich in der Regel nicht besonders gerne von mir erzählte, war ich ein beliebter und gern eingeladener Zuhörer, oder zumindest war ich das gewesen, als ich noch Gras geraucht hatte. Denn das hatte mir die nötige Distanz und Gelassenheit gegeben, den Wortschwall über mich ergehen zu lassen. Jetzt konnte ich nur mit Mühe meine Ungeduld und meinen Fluchtinstinkt zügeln. Alles, was Nina sagte, schien mir zu laut, zu belanglos und völlig ichbezogen. Sie sprach gar nicht mit mir, sondern lediglich auf mich ein. Es war, als hätte mir das Gras einen kleinen, geheimen, inneren Ort gesichert. Einen Ort, an den sich ein Teil von mir zurückziehen konnte, während der andere Teil mit der Außenwelt und dem Erfüllen gesellschaftlicher Pflichten beschäftigt war. Ihr mechanisches und völlig desinteressiertes Nachfragen nach meinem Befinden wiegelte ich mit einem „Jeden Tag ein bisschen besser“ ab. Sie hatte in der Woche zuvor kurz mit Markus gesprochen. Er vermisste mich, war aber der Meinung, dass die Trennung im Moment das Beste für uns beide war. Um diesem Tiefschlag etwas entgegen zu setzen, erzählte ich ihr von Ryszard. Wie ich ihn kennengelernt hatte, dass wir uns ein paar Mal getroffen hatten und dass ich mich in seiner Gesellschaft wohl fühlte. Das fand sie natürlich total spannend, und irgendwie hoffte ich, dass sie Markus davon erzählen würde.

Als ich an diesem Abend zu Bett ging, ahnte ich nicht, dass mir eine erschütternde und aufwühlende Erfahrung bevorstand. Denn in dieser Nacht kamen meine Träume wieder. Sie traten mit einer solchen Wucht und Intensität in mein Leben zurück, dass ich um 04:00 Uhr morgens nassgeschwitzt und atemlos aus dem Schlaf schreckte. Ich saß zitternd in meinem Bett und brauchte eine ganze Weile, um mich zu orientieren und aus meiner Traumwelt wieder in unser Schlafzimmer zurückzukehren. Der Traum hatte mich überrascht und verwirrt. Erst jetzt wurde mir bewusst, dass ich seit vielen Jahren nicht geträumt hatte oder mich nicht an meine Träume erinnern konnte. Wo waren meine Träume in all den Jahren gewesen? Die Bilder des Traumes waren mir noch sehr präsent, und ich versuchte, mir die Geschehnisse noch einmal zu verdeutlichen.

Ich war in unserer Wohnung und räumte auf. Die Zeit drängte und ich musste mich beeilen. Ich fing im Wohnzimmer an und wollte gerade das Bücherregal abstauben, als ich die Käfer auf dem Regal entdeckte. Alles war über und über mit schwarzen, kleinen Käfern bedeckt: auf dem Regal, hin-

ter, unter und auf den Büchern. Ich sah mich um und ging durch die ganze Wohnung – überall wimmelte es von toten und lebendigen Käfern. Sie krabbelten über den Teppich, saßen auf Schränken und Kommoden, versteckten sich in den Ecken und versuchten an den Wänden hochzukriechen. Ich verspürte keine Angst, auch keinen Ekel, ich wunderte mich nur, wo all die Käfer plötzlich herkamen. Mir war klar, dass ich die Käfer wegschaffen musste, und dass mir nur wenig Zeit blieb, um diese Aufgabe zu bewältigen. Ich weiß nicht mehr, wer oder was kommen wollte, aber es war sehr wichtig für mich. Ich begann hektisch, die Käfer mit einem Handfeger einzusammeln und in eine Mülltüte zu kippen, aber es wurden einfach nicht weniger Käfer, sondern immer mehr. Diese Aufgabe war kaum zu bewältigen und ich fühlte mich hilf- und machtlos.

Was hatte dieser Traum zu bedeuten? Woher kamen all diese Käfer? Das Gefühl, das ich während meiner Aufräumarbeiten hatte, kam mir seltsam bekannt vor. Es ließ sich am besten mit dem Begriff „Heimlichkeit" beschreiben. Ich wollte diese Käfer so schnell wie möglich verschwinden lassen, niemand sollte jemals etwas von ihnen erfahren. Meine Rauchgewohnheiten hatte ich auch weitestgehend geheim gehalten und sehr genau darauf geachtet, dass niemand so ganz genau wusste, wieviel ich denn nun rauchte. Und nicht nur das: die schönsten Tütchen waren die, von denen niemand etwas wusste, wie zum Beispiel vor der Arbeit oder vor dem Familientreffen. Aber auch meine Gedanken und meine Gefühle behielt ich größtenteils für mich. Ob aus falschem Schamgefühl oder weil ich sie mir nicht kaputt machen lassen wollte, konnte ich nicht genau sagen.

Ich erinnerte mich dunkel daran, mit meinen Überlegungen bei meinen Eltern auf Unverständnis gestoßen zu sein und mir mehr als einmal die harsche Kritik meiner Mutter eingehandelt zu haben. Vielleicht wollte ich meine Welt auch einfach nur nicht teilen.

Jedenfalls hatte ich schon immer ein blühendes Innenleben, das kaum den Weg aus mir herausfand. Es dauerte lange, bis ich mich beruhigt hatte und endlich noch einmal einschlafen konnte. Und wieder war es ein Traum, der mich ein paar Stunden später aus dem Schlaf riss und mit seinen detailreichen Bildern verfolgte.

Ich war im Büro und musste neue Ordner aus dem Materialraum holen. Als ich die Tür öffnete, befand ich mich plötzlich an einem Steg, der an einem dunklen und scheinbar tiefen Gewässer lag. Ich ging über den Steg, um die Ordner aus dem Regal zu holen. Auf dem Rückweg fiel mir plötzlich auf, dass der Steg nicht aus Holzplanken bestand, sondern aus Schlangen. Große, dunkle Schlangen, die alle ineinander verschlungen waren und zusammen eine Art Weg bildeten. Auch diesmal hatte ich keine Angst und empfand die Situation nicht als bedrohlich. Ich war nur verwundert und konzentrierte mich sehr darauf, nicht auf den glitschigen Schlangen auszurutschen und sie nicht zu verletzten, zu verärgern oder gar auseinander zu treiben. Das gesamte Schlangen-Konstrukt war in Bewegung und ich konnte die Muster und Struktur der jeweiligen Schlangenhaut sehr gut erkennen und betrachtete sie neugierig. Ich hatte das Gefühl, sie mir unbedingt einprägen zu müssen. Vorsichtig balancierte ich zurück zur Tür und trat mit den Ordnern zurück ins Büro.

Ich lag lange im Bett und dachte über meine Träume beziehungsweise meine Traumlosigkeit nach. Wo kamen diese Bilder so plötzlich her? Warum waren sie so stark und so real? Mir kam die Frau aus der Bahn mit ihrem Notizbuch in den Sinn und mir fiel auf, dass es auch bei ihren Aufzeichnungen um Träume ging. Hatte mich diese kurze Begegnung vielleicht deswegen so irritiert? War mir damals schon klar gewesen, dass mit meinen Träumen etwas nicht stimmte? Dass ich seit Jahren keine Träume mehr hatte? Ich versuchte mich zu erinnern, wann ich das letzte Mal geträumt hatte, aber es fiel mir nicht mehr ein. Später rief ich Ryszard an und erzählte ihm von meinen wiedergekehrten Träumen. Er war schockiert, wie ich überhaupt so lange ohne Kontakt zu meinen Träumen hatte leben können und hielt mir gleich einen Kurzvortrag über die Bedeutung unserer Träume.

„Träume sind die Verbindung zu unserem Unbewussten – dem ganz persönlichen, aber auch dem allgemeinen Unbewussten, in dem das gesamte Wissen der Menschheit liegt. Träume können dir helfen, deine Ängste und deine Wünsche besser zu verstehen und dir zeigen, vor welchen Aufgaben du gerade stehst. Manchmal warnen sie uns vor Gefahren oder zeigen uns Lösungen auf, die wir im wachen und bewussten Zustand nicht finden würden. Anna, unsere Träume sind ein wichtiger Wegweiser auf dem Weg zu uns selbst."

Es folgten noch weitere Ausführungen über die individuelle Symbolsprache der Träume und die Schwierigkeit, sie zu entschlüsseln. Dass man sich mit ihnen beschäftigen muss, um sie zu verstehen. Aber ich hörte schon nicht mehr richtig zu und beendete das Gespräch rasch.

Eine Wahrheit saß in meinen Kopf und wollte, dass ich mich mit ihr beschäftige. Ich verließ die Wohnung und lief Richtung Park. Ich hatte mich immer als Suchende empfunden und äußerst kritisch auf die Welt herabgeblickt, die meiner Meinung nach den falschen Götzen hinterherlief. Nun musste ich mir eingestehen, dass ich ebenso in die Falle gegangen war und den Kontakt zu mir selbst verloren hatte. Ich hatte mich nicht in eine verbissene Karriere gestürzt, nicht dem Konsum verschrieben und mich nicht für ein Auto oder ein Haus verkauft. Nein, ich war in die Welt des Rausches geflohen und hatte mich bequem und hochmütig in meiner Ablehnung eingerichtet. Selbstgerecht und anmaßend hatte ich die Lebenslügen der anderen angeprangert und dabei meine eigene Lüge übersehen. Angestrengt versuchte ich den Moment auszumachen, in dem ich in diese Sackgasse geraten war. Ich betrachtete meine Gewohnheiten, meine Handlungen, meine Entscheidungen – aber ich fand ihn nicht. Diesen einen falschen Moment. Es gab nur einen langsamen und schleichenden Prozess des Selbstbetruges. Tränen liefen über mein Gesicht, als ich meine Runden durch den Park lief, und das erste Mal weinte ich nicht um Markus, sondern um mich.

Am Wochenende fuhr ich zu meiner Schwester, um mit ihr das Hochzeitskleid auszusuchen. Ich wäre eigentlich lieber zu Hause geblieben, so verletzlich und aufgewühlt, wie ich mich gerade fühlte. Aber irgendwo ganz tief in mir drin wusste ich, dass ich dann Kai anrufen würde. Ich war ganz kurz davor. Also fuhr ich zu Katrin. Wir trafen uns in einem kleinen Brautgeschäft in der Innenstadt und meine Schwester kam gleich auf mich zu und umarmte mich zur Begrüßung. Ihre Freude war warm und echt. Katrin suchte sich ein schlichtes, cremefarbenes Kleid aus, in dem sie wunderschön aussah. Nach der Anprobe gingen wir in ein italienisches Restaurant und konnten uns bei einer Flasche Wein und italienischen Vorspeisen das erste Mal wirklich unterhalten.

Sie hatte im letzten Jahr eine Art Depression gehabt, konnte nicht mehr richtig schlafen und fühlte sich kaum in der Lage, ihren Alltag und ihren Job in der Kanzlei zu bewältigen. Ich war ziemlich überrascht, weil es überhaupt nicht zu ihr passte. Und ich war schockiert, dass ich davon nichts mitbekommen hatte. Ich fragte mich ernsthaft, ob überhaupt etwas zu mir vorgedrungen war in den letzten Jahren.

„Das wusste ich gar nicht", sagte ich kleinlaut.

„Ich wollte ja auch nicht, dass jemand etwas merkt, und habe erst mal versucht, ganz normal weiter zu machen. Aber irgendwann ging gar nichts mehr. Eines Morgens war ich nicht imstande, aufzustehen und das Bett zu verlassen. Bernd hat in der Kanzlei angerufen, mich krank gemeldet und zu unserer Hausärztin gefahren, die mir dann geraten hat, psychologische Hilfe in Anspruch zu nehmen."

„Und das hat dir geholfen? Du wirkst jedenfalls so locker und so entspannt wie noch nie."

„Nicht direkt, zuerst ging es mir noch viel schlechter. Die Psychologin hat mir so unendlich viele Fragen gestellt. Fragen, die ich mir nie gestellt habe und mir auch nicht stellen wollte."

„Was denn zum Beispiel?"

„Warum mir meine Karriere so wichtig ist, warum ich um jeden Preis erfolgreich sein möchte, was mein Antrieb ist. Und weißt du, was ich geantwortet habe? Weil man das so macht."

„Wie, weil man das so macht?"

„Das hat sie auch gesagt und mich gefragt, wer „man" denn sei und warum „man" über mein Leben bestimmen kann. Ich glaube, dass ich immer versucht habe, alle Erwartungen zu erfüllen – vor allem Mamas und Papas Erwartungen oder das, was ich für ihre Erwartungen hielt. Ich habe sehr viel nachgedacht in dieser Zeit und gemerkt, dass ich mir über meine ganz persönlichen Wünsche klar werden muss. Meine Psychologin hat immer gesagt: „Folge deiner Freude und nicht den Erwartungen der anderen." Und ich bin immer noch dabei herauszufinden, was mir überhaupt Freude macht. Sie hat mich immer wieder gefragt, wie ich mich fühle. Ich wusste nichts darauf zu sagen, fast so, als hätte ich gar keine Gefühle."

„Das erinnert mich irgendwie an meine Situation, und dabei dachte ich, dass wir und unsere Probleme völlig verschieden sind."

„Über dich und uns habe ich auch viel nachgedacht. Ich glaube, dass ich sehr neidisch auf dich war. Du hast dir immer die Freiheit genommen, zu machen, was du wolltest, und mir den ganzen Erwartungsdruck der Eltern aufgebürdet. Ich hatte das Gefühl, dass du dich auf meine Kosten aus der Verantwortung stiehlst. Gleichzeitig habe ich aber auch auf dich herabgeblickt, weil du nichts machst aus deiner Freiheit und deine Zeit vergeudest."

„Klare und harte Worte. Es gefällt mir, dass du so offen sprichst. Vor ein paar Monaten hätte ich wahrscheinlich ablehnend reagiert, aber jetzt gerade triffst du damit eine weiche Stelle", sagte ich und war erstaunt darüber, wieviel Wahrheit in ihrer Einschätzung lag. Waren wir am Ende gar nicht so unterschiedlich, wie ich immer gedacht hatte?

„Inzwischen weiß ich, dass nichts so schwarz-weiß ist, wie man es manchmal gerne hätte. Dass ich dich mit meiner übereifrigen Erwartungserfüllung auch in eine bestimmte Rolle gedrängt habe, die dir nicht immer geschmeckt hat. Aber vor allem weiß ich nun, dass du mir als Schwester und Freundin wichtig bist und dass ich möchte, dass wir uns wieder näher kommen."

Ich war gerührt. Ein riesiger Kloß steckte in meinem Hals und machte es mir unmöglich, zu sprechen. Hilflos nahm ich ihre Hände, drückte sie und nickte ihr mit Tränen in den Augen zu. Ich war völlig überfordert mit diesen für mich neuen Gefühlswallungen. Die distanzierte Beobachterrolle, die ich üblicherweise eingenommen hatte und die mir eine gewisse Sicherheit und Überlegenheit verschafft hatte, bröckelte gewaltig. Glücklicherweise sprach Katrin nach einigen Momenten weiter.

„Mittlerweile geht es mir viel besser. Äußerlich hat sich nicht viel geändert, aber meine Einstellung ist anders. Ich muss nicht mehr alles vorher planen, lasse Dinge auch mal so geschehen, wie sie kommen und nehme Kritik von Kollegen oder Misserfolge nicht mehr so persönlich. Wie hast du eben so schön gesagt: Ich bin ein bisschen lockerer und entspannter."

„Wie ist Bernd mit der ganzen Sache umgegangen?"

„Bernd war toll, und obwohl meine Krise nicht spurlos an uns vorbeigegangen ist, hat er doch zu mir gehalten und mir eine Seite an sich gezeigt, die ich vorher nicht kannte. Unsere Hochzeit ist eine sehr bewusste Entscheidung, dass wir zusammen gehören und zusammen durchs Leben gehen möchten."

Jetzt konnte ich nicht mehr an mich halten und ich erzählte Katrin von Markus und von unserer Trennung. Auch über meinen regelmäßigen Graskonsum, meinen laufenden Entzugsversuch und meine wiedergekehrten Träume sprach ich. Es sprudelte geradezu aus mir heraus. Katrin war erschüttert. Sie wusste zwar, dass ich ab und zu Gras rauchte, aber die Menge und die Regelmäßigkeit schockierten sie.

„Warst du nie nüchtern, wenn wir uns gesehen haben?", fragte sie mich.

„Nein, nicht in den letzten Jahren. Ich bin mir absolut sicher, dass ich sogar immer kurz vor dem Besuch noch einen geraucht habe, sozusagen als Vorbereitung."

„Das habe ich nicht gemerkt. Vielleicht dachte ich manchmal, dass du müde wirkst oder etwas abwesend. Aber nicht wegen irgendwelcher Drogen, sondern eher aus Schlafmangel. Ich hatte sowieso immer die Vorstellung, dass ihr wahnsinnig viel unternehmt, ausgeht und tanzt."

„Früher haben wir das auch gemacht, aber in letzter Zeit haben wir mehr zu Hause abgehangen. Auch einer der Gründe für Markus' Unzufriedenheit."

„Wie meintest du das mit der Vorbereitung?"

„Puuh, weiß nicht genau. Vielleicht wie eine Schutzhülle oder wie ein Panzer, in den ich mich verkriechen konnte. Wie eine Art Tarnkappe, um nicht erkannt zu werden."

Es tat so gut, mit jemandem ganz offen zu sprechen. Dabei hätte ich niemals gedacht, dass ich ein solches Gespräch ausgerechnet mit meiner großen Schwester führen würde.

Beim Abendessen mit unseren Eltern sprachen wir fast die ganze Zeit über die Hochzeit. Nur einmal fragte mich mein Vater, was ich nun vorhätte – direkter wurde er nicht. Über Gefühle wurde bei uns noch nie gesprochen. Mein Vater hielt Gefühle für verweichlichten und sentimentalen Quatsch und beschäftigte sich lieber mit Fakten und Tatsachen. An diesem Abend kam mir das erste Mal in den Sinn, dass mein schwieriges Verhältnis zu meinen Gefühlen etwas mit meinem Elternhaus zu tun haben könnte.

Als ich abends im Bett lag, dachte ich darüber nach, dass ich Katrin völlig falsch eingeschätzt und nur einen kleinen Teil ihrer Persönlichkeit wahrgenommen hatte. Und zwar genau den Teil, der meinem Weltbild entsprach und mir in den Kram passte. Mir war, als würden sich alle Ereignisse am Ende als Projektion meiner eigenen Empfindungen und Gedanken entpuppen. Jegliches Außen war also im Grunde ein Spiegelbild meines Innersten, nicht mehr und nicht weniger.

Am nächsten Tag bekam ich eine Nachricht von Markus: „Liebe Anna, kann ich nächsten Samstag nach Hause kommen und ein paar Sachen holen? Würde mich sehr freuen, wenn wir uns sehen. Könnten Kaffee trinken oder was essen gehen. LG Markus“

Natürlich wollte ich ihn sehen, aber ich hatte auch Angst. Angst vor meinen Gefühlen, Angst vor den nächsten Schritten und Angst davor, ihn und unserer Situation nun nüchtern und ohne meinen Schutzwall zu begegnen. Ich antwortete ihm dennoch: „Würde mich auch freuen, dich zu sehen. Samstag passt gut. Anna“

Ein paar Tage später kam Ryszard abends zum Essen vorbei.

„Machst du noch deine Yoga-Übungen?“, fragte er mich, als wir zusammen in der Küche standen, um das Essen vorzubereiten.

„Ja, jeden Morgen“, antwortete ich und schnitt dabei das Gemüse klein.

„Und?“, fragte er neugierig. „Hilft es dir?“

„Ich fühle mich auf jeden Fall schon etwas geschmeidiger und nicht mehr ganz so verspannt. Es macht mich ruhiger und ich denke nach dem Aufwachen an meine Übungen und nicht mehr an ein Tütchen."

„Was ist mit den Meditationsübungen? Fällt es dir schwer, einfach so dazusitzen?"

„Also, im Einfach-so-Dasitzen bin ich doch Profi, oder?", sagte ich scherzhaft.

„Ja, aber jetzt bist du dabei nüchtern. Ein nicht gerade unbedeutender Unterschied."

„Du hast recht, das war nicht witzig. Ehrlich gesagt fällt es mir ziemlich schwer. Mir jagen tausend Gedanken durch den Kopf, die mich ablenken. Ich muss mich zwingen, sitzen zu bleiben", sagte ich nun etwas ernster.

„Das ist ganz normal. Lass die Gedanken kommen, aber lass sie auch wieder gehen. Hänge ihnen nicht nach, beurteile sie nicht und konzentriere dich auf deinen Atem. Mit der Zeit wird es ruhiger werden und du wirst deine Gedanken aus einer gewissen Distanz beobachten können. Irgendwann wirst du die Stille zwischen deinen Gedanken entdecken."

Von Stille war ich meilenweit entfernt. In mir tobte ein Chaos unterschiedlichster Gedanken, Vorwürfe, Befürchtungen und Gefühle, die umso lauter und drängender wurden, je mehr ich hinhörte.

„Ich habe lange über unser Gespräch zu den Träumen nachgedacht. Mir ist klar geworden, welche Konsequenzen das Kiffen hatte, und dass ich mir eine lange Zeit etwas vorgemacht habe", sagte ich schließlich, während ich die Sauce zubereitete. Nicht laut, aber immerhin hörbar.
„Aha", antwortete Ryszard, der gerade dabei war, die Nudeln abzugießen.

Nachdem wir eine Flasche Wein geöffnet und uns an den Tisch gesetzt hatten, fuhr ich fort.„Du hast von der Symbolsprache der Träume gesprochen. Was meintest du damit? Was hatten die Käfer oder die Schlangen in meinen Träumen zu suchen?"

„Das kann ich dir nicht so einfach beantworten. Träume sind sehr persönlich, und ein Käfer oder eine Schlange können je nach Lebenssituation und Zusammenhang etwas völlig anderes bedeuten. Träume kann man nur von innen verstehen, nicht von außen. Wenn es Mistkäfer waren, die durch deinen Traum gekrabbelt sind, dann könnten sie etwas aus deinem Unbewussten ans Licht bringen, das vorher im Dunkeln lag und mit dem du dich beschäftigen solltest. Vielleicht etwas, das du dir nicht gerne eingestehen möchtest. Eine Schlange könnte sowohl für Versuchung, Sündenfall oder auch Erneuerung stehen. Jedenfalls sind beides uralte Symbole, die zeigen, dass sich unbewusste Inhalte zurückmelden und bearbeitet werden wollen", antwortete Ryszard langsam und schob sich nach jedem Satz einen Gabel Nudeln in den Mund, während ich gebannt zuhörte.

„Tat tvam asi", sagte er schließlich, ohne aufzuschauen.

„Wie bitte?", fragte ich und musste schmunzeln. Ryszard saß mir in seiner orangefarbenen Tunika und mit all den klimpernden Ketten gegenüber, und während er wie ein spiritueller Lehrer zu mir sprach, schaufelte er überaus weltlich diese riesige Portion Nudeln in sich hinein. Die Situation hatte etwas Absurdes.

„Tat tvam asi – das bist du. Das ist einer der großen Lehrsätze der indischen Upanishaden. Es bedeutet, dass du im Kern identisch bist mit der universellen Energie. Jenseits deines Verstandes und deiner Vorstellung liegt dein Selbst, das eins ist mit dem Universum und allem, das sich darin befindet. Aber das ist nur eine der möglichen Bedeutungen. Es weist auch auf den engen Zusammenhang zwischen Innen- und Außenwelt. Alle Erlebnisse und Erfahrungen können so als ein Ausdruck oder eine Projektion deines Wesens verstanden werden. Und das gilt eben genauso für die Inhalte deiner Träume. Alle Orte, Landschaften, Personen und Handlungen sind Aspekte deiner Psyche. Aspekte, die du bewusst lebst und auch Aspekte, die du vielleicht bisher noch nicht als deine eigenen angenommen hast und die dir bewusst werden sollen." Ich dachte an das Gespräch mit meiner Schwester und an die Erkenntnis, dass ich nur das von ihr gesehen hatte, was ich von ihr sehen wollte. Dass ihr Bild also nur ein Spiegelbild meines Bildes war.

„Heißt das, dass es keine Chance gibt, etwas objektiv oder unabhängig von mir zu betrachten? Wenn alles im Grunde eine Projektion meiner Gedanken ist, dann liegen meine Begrenztheit und meine Vorurteile über der Welt und ich kann sie niemals so erfahren, wie sie in Wirklichkeit ist."

„Was soll das sein: die Wirklichkeit an sich? Du erfährst die Welt durch dich – eine andere Welt oder Wirklichkeit gibt es nicht. Die Welt ist deine Vorstellung. Es geht genau darum, dich selbst zu erkennen und dadurch den Schleier zu lüften und deinen Blick zu weiten. Betrachte die Welt und deine Beziehungen als hilfreichen Spiegel. Wenn du dich kennst und erkennst, dann kannst du dich auch von deinen Begrenzungen befreien."

„Vielleicht", sagte ich und spürte eine ungeheure Verantwortung auf mir lasten. Eine Verantwortung, die ich bisher allen anderen zugeschrieben hatte. Eine Verantwortung, die ich mit meinem Verstand gewusst, aber nicht angenommen und gelebt hatte. Mein Argwohn und meine Unzufriedenheit mit der Welt waren gleichzeitig eine Unzufriedenheit mit mir selbst. Die Welt konnte ich nicht ändern, aber mich und meine Sicht auf sie.

Wir saßen noch eine Weile zusammen und Ryszard riet mir, meine Träume aufzuschreiben, um sie besser zu verstehen.

„Träume sind keine Fertiggerichte, die ihre Botschaften einfach so offenbaren. Man muss sie sich erarbeiten."

So ähnlich waren seine Worte. Als er sich gegen Mitternacht von mir verabschiedete, kramte ich das alte Notizbuch aus meiner Tasche und legte es zusammen mit einem Stift neben mein Bett. Und in dieser Nacht träumte ich, dass ich durch die Lüfte flog:

Ich hing an einer Art Heliumballon und flog über eine Landschaft. Zunächst genoss ich den Flug. Die Sonne schien, ich fühlte mich leicht und frei und machte mir keine Gedanken darüber, wie und wo ich landen könnte. Ich flog einfach so dahin. Erst als ich bemerkte, dass Gas aus dem Ballon entwich und dunkle Wolken am Himmel aufzogen, schaute ich nach unten. Ich sah einen grauen Wald. Der Ballon sank immer schneller und ich näherte mich unaufhaltsam dem Boden. Das ärgerte mich, denn ich wäre lieber weiter umher geflogen, konnte aber nichts gegen das Absinken tun. Ich landete schließlich auf einer Lichtung. Der Wald wirkte leer und verlassen. Wie eine Art Trockenwald, der voller verdorrter Bäume und Büsche stand. Auch die Erde war trocken und voller Risse. Es herrschte eine unheimliche Stille. Ich lief langsam einen kleinen Pfad entlang und suchte nach einem Lebenszeichen oder einem Tier. Die Atmosphäre in dem scheinbar unbelebten Wald beklemmte mich. Meine Schritte auf dem öden Boden zwischen den vertrockneten Ästen hallten laut durch den Wald. Ich irrte ziellos umher und fühlte mich unbehaglich. Es ging etwas Bedrohliches von diesem Wald aus.

Zeichen

Was wollte mir dieser Traum sagen? Dass ich zurück auf dem Boden der Realität war, dass mein Höhenflug vorerst beendet war? War ich der Wald ohne Leben, der erst wieder lernen musste, zu blühen, oder der Ballon, der langsam Luft verlor? Hatte ich Angst davor, der Realität ohne wattierenden Gras-Schutz zu begegnen? Welche bedrohlichen Erkenntnisse standen mir noch bevor? Ich notierte den Traum und meine Gedanken dazu in mein Notizbuch. Nach ein paar Minuten schrieb ich noch „Für Träume, Visionen und Gedanken aller Art“ auf die erste Seite des Buches und lächelte zufrieden.

Meine generelle Ablehnung der Welt gegenüber weichte langsam auf. So stellte ich zum Beispiel überrascht fest, dass es auch in einem Marktforschungsinstitut sinnvolle und spannende Themenbereiche gab. Ich las mir die Fragebögen, die ich auswertete, genauer durch, hinterfragte die Aufgabenstellung und schaute mir zum ersten Mal auch die anschließende Auswertung genauer an. Kristine entging mein wachsendes Interesse nicht und sie freute sich, dass es mir besser ging. Und nicht nur das, sie bezog mich stärker in die inhaltlichen Bereiche der Projekte ein und plante mich in den Kundenmeetings ein.

In der Nacht, bevor ich mich mit Markus traf, tauchte er das erste Mal in einem meiner Träume auf.

Ich ging an einem Fluss spazieren, als ich plötzlich Markus auf der anderen Seite entdeckte. Ich rief seinen Namen, er schien mich jedoch nicht zu hören. Ich musste irgendwie zu ihm kommen. Weit und breit war keine Brücke zu sehen und ich beschloss, durch den Fluss zu waten, der auf den ersten Blick nicht besonders tief aussah. Als ich aber meine Schuhe ausgezogen hatte und in den Fluss stieg, merkte ich, dass das Wasser nicht klar und flüssig war, sondern sich zäh und klebrig wie Honig anfühlte. Nur mit allergrößter Mühe konnte ich mich durch die klebrige Masse bewegen und blieb ständig stecken. Meine Beine fühlten sich schwer an. Ich hatte das Gefühl, sie nicht mehr unter Kontrolle zu haben. Als wären sie lahm und abgestorben. Voller Angst rief ich immer wieder nach Markus, der aber nicht reagierte und seinen Weg weiter fortsetzte. Nach einer gefühlten Ewigkeit und einer ungeheuren Anstrengung gelangte ich schließlich an das andere Ufer, aber Markus war nicht mehr zu sehen.

Keine besonders guten Vorzeichen für unser bevorstehendes Wiedersehen, dachte ich beim Aufwachen. Doch überraschenderweise begann unser Treffen vielversprechend. Nach den ersten etwas unbeholfenen Momenten beschlossen wir, etwas zu kochen. In der Küche waren wir ein eingespieltes Team, und die gewohnte Situation gab uns etwas Sicherheit im Umgang miteinander. Wir unterhielten uns richtig gut. Ich erzählte von meinem Besuch bei meiner Schwester, ihrer bevorstehenden Hochzeit und meiner Grasabstinenz. Markus war aufmerksam und interessiert. Und obwohl er meinen Entschluss, nicht mehr zu rauchen, natürlich genau richtig fand und hoffte, dass ich diesmal durchhalten würde, war er auch ein bisschen sauer, vielleicht sogar aggressiv.

„Jetzt geht das also plötzlich – hättest du ruhig auch mal früher machen können“, sagte er, und: „Na, hoffentlich hältst du das diesmal durch. Wäre besser für dich.“

Das Thema Lara vermieden wir zunächst. Markus erzählte stattdessen vom Büro. Es lief nicht besonders gut in der Agentur und er hatte Angst um seinen Job. Ihr größter Kunde war nach fünf Jahren gemeinsamer Arbeit abgesprungen und riss ein tiefes Loch in den Jahresumsatz, das nicht so schnell wieder aufgefüllt werden konnte. Im letzten Jahr war das Team massiv aufgestockt worden, und nun stand man da mit den vielen Menschen und musste schnell entscheiden: Entlassungen oder Kurzarbeit. Die Stimmung im Team war schlecht, und statt in dieser schwierigen Situation zusammenzuhalten, machten sich Angst und Missgunst breit. Jeder wollte sich möglichst gut präsentieren und den anderen schlecht aussehen lassen. Man wusste nicht mehr, wem man was erzählen konnte und wer Freund und wer Konkurrent war. Ich hatte das Gefühl, dass Markus sich das regelrecht von der Seele reden musste. Immerhin, als Freundin und langjährige Vertraute war ich ihm noch wichtig, wichtiger als Lara. Das war solange gut, bis ich den Knutschfleck an seinem Hals entdeckte. Ich hatte mich eh schon gewundert, warum Markus einen Schal um den Hals trug. Als Markus den Backofen öffnete, um das Hühnchen rauszuholen, verrutschte eben dieser Schal und gab den Blick auf seinen Hals und den Knutschfleck frei. Was für ein ernüchternder Schock, was für ein harter Sturz auf den Boden der Tatsachen. Er brauchte mich als Kumpel und gute Freundin für seine Sorgen, aber seine Begierde galt ihr. Und es war eine Nachricht von ihr, eine Nachricht von Frau zu Frau. So verstand ich das jedenfalls. Für mich waren der Tag und unser Treffen damit gelaufen. Die offene Stimmung war dahin. Wir aßen mehr oder weniger schweigend, und obwohl Markus mich ein paar Mal gefragt hat, was denn plötzlich los sei, sagte ich nichts und kommentierte seine Fragen mit einem scharfen „Nichts, was soll schon mit mir sein?"

Nach dem Essen suchte er seine Sachen zusammen und fuhr schlecht gelaunt zurück. Als er weg war, durchsuchte ich die Wohnung weinend nach einem vergessen Rest Gras, den ich natürlich nicht fand. Ich ärgerte mich sehr über mich und meinen Rückfall in alte Mechanismen, mit Enttäuschungen oder Emotionen umzugehen.

In dieser Nacht träumte ich von Markus und Lara.

Ich war auf einer Feier oder in einem Club. Es wurde getrunken und getanzt. Ich stand mit drei Männern an der Bar und unterhielt mich mit ihnen und flirtete. Die Männer machten mir Komplimente, gaben mir Drinks aus und ich fühlte mich schön und gut. Der dunkelhaarige Mann, der in der Mitte stand, gefiel mir am besten, und wir warfen uns vielsagende Blicke zu. Plötzlich kam eine auffällig schöne Frau in den Club und zog alle Aufmerksamkeit auf sich. Sie war groß, schlank und sehr sinnlich. Ihre langen, lockigen Haare fielen über ihre Schultern und ihre Bewegungen waren anmutig und weich. Ein Staunen ging durch den Raum, und einer meiner Begleiter sagte voller Bewunderung: „Lara ist da." Das ist sie also, dachte ich, und plötzlich waren die Männer um mich herum nicht mehr fremd. Es waren Markus und zwei alte Schulfreunde, in die ich während meiner Schulzeit schwärmerisch, aber unglücklich verliebt war. Ich hatte ihnen meine Verliebtheit damals nicht gestanden und war immer nur eine gute Freundin, eine Art guter Kumpel für sie gewesen. Ich wusste alles über ihre Liebschaften und Affären und wäre doch so gerne eine von diesen Liebschaften gewesen. Meine drei Begleiter hatten nur noch Augen für Lara und ich fühlte mich überhaupt nicht mehr gut, sondern verlassen und unattraktiv. Markus entschuldigte sich mit den Worten: „Ich muss gehen und Lara begrüßen." Er ging zu ihr, sie küssten sich leidenschaftlich und verließen gemeinsam den Club. Als ich gekränkt zu Boden sah, fiel mir auf, dass ich gar nicht richtig angezogen war und nur ein Unterhemd trug. Ich versuchte, so unauffällig wie möglich auf die Toilette zu schleichen, bedeckte meine Nacktheit unbeholfen mit Papierhandtüchern und ging nach Hause.

Warum hatte mich dieser Knutschfleck bloß so aus der Fassung gebracht? Es war mir ja nicht neu, dass Markus und Lara Sex miteinander hatten. Mir kam der Gedanke, dass es vielleicht mit mir und meiner Sexualität zu tun haben könnte. Meine Sexualität war seit einigen Jahren so gut wie nicht vorhanden und das Bild des Trockenwaldes tauchte in mir auf. Seit langem empfand ich keine Lust mehr, so als hätte ich den Kontakt zu meinem Unterkörper verloren. Wenn Markus und ich überhaupt mal Sex hatten, dann war meine Lust gespielt. Immer wieder war mir meine Aufmerksamkeit in den Kopf gerutscht und belanglose Gedanken wie: „Was könnte ich morgen anziehen" oder: „Mir fehlen noch soundso viele Teilnehmer für die Gesprächsrunde zur Einführung der neuen Wurstsorte" störten mein Lustempfinden. Wirkliche Hingabe war mir schon immer schwergefallen. Auch hier hatten mir das Gras und andere Drogen zunächst geholfen, meine Hemmungen zu überwinden. Doch die Mauern, die ich so niederriss, türmten sich später nur umso höher wieder auf. Markus' Affäre vergrößerte dieses Gefühl der Unzulänglichkeit und des „Unerotisch-Seins" noch weiter. Ich fühlte mich wie ein bloßgestelltes, geschlechtsloses Neutrum. Und der Traum hatte dieses Gefühl in Bilder verwandelt. Was sollte ich tun? Was konnte ich tun? Ich musste mich auf die Suche nach meiner verlorenen Sinnlichkeit machen. Für mich und für eine mögliche Rückkehr von Markus.

Mir kam Ryszard in den Sinn, er war mein großer Helfer in dieser Zeit, warum also sollte er mir nicht auch in dieser Sache helfen? Ich rief ihn an und verabredete mich mit ihm auf einen Drink in der Stadt. Aber diesmal wollte ich nicht nur mit ihm reden, sondern herausfinden, ob da noch mehr zwischen uns war. Und vor allem wollte ich Aufmerksamkeit, Komplimente und die Bestätigung, dass ich noch begehrenswert war. Ein scheinbar einfacher Plan, der nur schief gehen konnte. Das fing schon mit der Wahl meiner Garderobe an, die definitiv etwas zu gewollt sexy war: enges Shirt mit tiefem Ausschnitt, bunter Minirock und Plateau-Schuhe. Ryszard kannte mich bisher nur in Jeans und T-Shirt und bemerkte überrascht: „Oha, was hast du denn heute noch vor?"

Schlimmer als mit meinem „Wieso, gefalle ich dir nicht?" hätte man wahrscheinlich nicht antworten können. Aber wie gesagt: Ich wollte es wissen.

Wir waren in einer kleinen Cocktail-Bar und nach den ersten beiden Drinks, die ich in unglaublicher Geschwindigkeit in mich hinein kippte, ging ich in die Offensive. Ich stellte mich ganz nah an Ryszard, ließ meine Hand ein wenig zu lang auf seiner Schulter liegen, drückte mich an ihn und flüsterte mit Lippenkontakt in sein Ohr. Als ich dann schließlich versuchte, zärtlich sein Ohrläppchen zu küssen, packte Ryszard mich an den Schultern.

„Anna, um Himmels willen, was hast du vor? Was machst du da?“, sagte er und blickte mir dabei in die Augen.

„Ist das nicht offensichtlich? Ich dachte, du magst mich?“, erwiderte ich.

„Ich mag dich sogar sehr. Anna, du bist eine tolle und schöne Frau und ich würde mir wünschen, dass wir uns vielleicht einmal näher kommen. Aber nicht jetzt und nicht so. Nicht als Lückenbüßer, der dein angekratztes Selbstvertrauen wieder aufbauen soll. Nicht, wenn dein Kopf voller Markus ist und du nicht bereit für etwas Neues bist“, antwortete er mir.

Ich mochte Ryszards offene und direkte Art, und er hatte leider vollkommen recht. Meine unbedachte und plumpe Annäherung war mir unendlich peinlich, und ich entschuldigte mich bei ihm. Ryszard brachte mich nach Hause und ich kehrte in die dunkle und leere Wohnung zurück, die früher einmal mein heiliger und sicherer Ort gewesen war, setzte mich aufs Sofa und trank noch ein Glas Wein. Wieder einmal spürte ich ein starkes Verlangen danach, einen Joint zu rauchen, um meine innere Stimme zum Schweigen zu bringen.

Zwei Wochen später stand Ninas Büroeinweihung an. Sie hatte sich zusammen mit einer Kollegin ein kleines Büro eingerichtet und zur Eröffnung alle Freunde und Bekannte eingeladen. Da Nina fast jeden in der Stadt kannte, konnte man davon ausgehen, dass ziemlich viel los sein würde. Mir war etwas mulmig zumute, denn ich hatte zwar nun schon einige Wochen nichts mehr geraucht, aber das war mir nur gelungen, weil kein Gras in meiner Reichweite gewesen war. Das würde sich heute Abend ändern, und ich war mir nicht sicher, ob ich standhaft bleiben konnte oder wollte. Meine Stimmung schwankte zwischen ahnungsvoller Angst und freudiger Erwartung.

Als ich gegen halb zehn ankam, war schon ziemlich viel los und Nina kam strahlend auf mich zu, als sie mich sah. „Anna, meine Liebe, da bist du ja endlich. Ich dachte schon, du würdest nicht mehr kommen. Gut siehst du aus", sagte sie und guckte die Menschen um mich herum so an, als würde sie jemanden suchen.

„Bist du alleine?", fragte sie schließlich etwas enttäuscht.

„Natürlich bin ich allein – dachtest du etwa, Markus würde mitkommen?", antwortete ich und nickte Sven zu, der im hinteren Teil des Raumes stand und Musik auflegte.

„Nein, ich wollte endlich deinen polnischen Yogalehrer kennenlernen. Sieht aus, als wenn er dir guttut – vielleicht kannst du mir ein paar von euren Entspannungsübungen verraten?", sagte sie und zwinkerte mir dabei verschwörerisch zu.

„Ryszard ist nur ein Freund, Nina. Nicht mehr."

„Ja klar, deshalb siehst du auch so entspannt aus. Komm, ich zeig dir alles", sagte sie, hakte sich bei mir ein und führte mich stolz durch ihre Büroräume.

Das Büro war in einem alten Ladenlokal, in dem vierzig Jahre lang Damenmode verkauft worden war, bis die Vermieterin das Geschäft aus Altersgründen aufgeben musste. Im vorderen Teil, hinter den Schaufenstern, standen zwei große Schreibtische. Der Raum war groß, hell und hatte hohe Stuckdecken. Eine kleine Treppe führte in den oberen Raum, in dem ein weiterer Schreibtisch und ein großer Besprechungs-Tisch standen. Aus den Fenstern blickte man in den kleinen Hinterhof-Garten und die Räume mit ihren alten Kippfenstern strahlten einen morbiden Altbau-Charme aus.

„Und das ist unser Schätzchen", sagte Nina, als sie mich in die alte Wohnküche mit schwarz-weißem Fliesenboden und alten Kacheln an den Wänden führte.

Von der Wohnküche führte eine Tür in den kleinen

Garten, der von einer alten und schon etwas zerfallenen, bewachsenen Mauer umgeben war.

„Nina – dein Büro ist wunderschön, aber riesig!"

„Ja, ich weiß. Es ist viel zu groß für uns, aber wir mussten es einfach haben. Es war Liebe auf den ersten Blick, und deshalb haben wir uns eine Untermieterin gesucht und sind nun zu dritt. Ich stelle sie dir gleich mal vor, du wirst sie mögen."

Ich wollte gerade etwas erwidern, als Nina sich entschuldigte, um weitere Gäste zu begrüßen. Ich ging nach draußen in den Garten und traf dort auf Tim, Jörg und Steffi, die sich gerade über mögliche Urlaubsziele unterhielten. Von drinnen drang leise die Musik zu uns und mischte sich in das fröhliche Geplapper im Garten. Ich hatte schon einige Gläser Prosecco getrunken und genoss den lauen Sommerabend und die leichte Plauderei. Dann kamen Sven und Peter zu uns.

„Hallo Anna", begrüßte Sven mich. Er küsste mich auf die Wange und wandte sich dann an Peter. „So, nun habe ich mir aber eine kleine Pause verdient. Peter, bitte zünden."

Peter holte einen vorgedrehten Joint aus seiner Tasche und ließ ihn nach ein paar Zügen herumgehen.

Nun war sie also da, die Situation, vor der ich mich gefürchtet und auf die ich mich gefreut hatte. Ich nahm den typisch harzigen Geruch wahr, den das Gras verströmte, und spürte ein leichtes Kribbeln im Bauch. Dann kam der Joint zu mir, und ich nahm ihn ohne das geringste Zögern und mit größter Selbstverständlichkeit entgegen. Ich setze ihn an meine Lippen, nahm einen tiefen Zug und behielt den Rauch lange in meinem Innern, bevor ich ihn wieder ausstieß. Ich nahm noch einen Zug und noch zwei weitere, die ich gierig, genüsslich und lange inhalierte. Der Geschmack war so vertraut. Eine Welle der Euphorie schwappte durch meinen Körper. Mein Herz schlug schneller. Ich spürte, wie sich das Gras in mir ausbreitete. Wie es mir in den Kopf stieg, leise in meinen

Ohren rauschte und kribbelnd meine Kopfhaut erreichte. Mein Hals und mein Mund fühlten sich trocken und durstig an. Meine Augen durchzuckte ein leichtes Brennen. Ich musste schlucken und blinzeln. Schnell trank ich den Rest Prosecco aus, um das trockene Gefühl loszuwerden. Ich spürte, wie ich mich langsam von der Außenwelt entfernte. Die Geräusche des Gartens wurden leiser und kleiner. Nun war ich wie alleine mit mir und konzentrierte mich auf die Wirkung der Droge. Mein berauschter Geist wurde leicht und schnell, mein Körper dagegen behäbig und schwer. Ich fühlte mich inspiriert und mein Kopf war voller Ideen und Möglichkeiten. Doch im nächsten Moment tauchten Zweifel und negative Gedanken auf, die mich ebenso verlockten, ihnen zu folgen. Ein Hauch von Schwere und Angst lag plötzlich auf meiner Brust. Ich begann meine Umwelt wieder stärker wahrzunehmen. Sie wirkte laut und bedrohlich auf mich. Lautes Lachen und Gesprächsfetzten holten mich zurück in die Realität. Ich sah mich, wie ich hier verloren in der Menge stand. Eben noch hatte ich aktiv an der Unterhaltung teilgenommen, nun war ich wie abgetrennt von dem Rest der Gruppe und gefangen im meinem Kopf. Leichtigkeit und Glücksgefühl waren so schnell verflogen, wie sie gekommen waren. Ich fühlte mich unsicher und unwohl. Peter legte den Arm um mich und flüsterte mir ins Ohr:

„Na, meine Süße, das ist wirklich gutes Gras, oder?"

Ich versuchte, möglichst normal zu antworten, aber meine Stimme war leise und brüchig.

„Vielleicht ein bisschen zu gut für mich. Ich brauche jetzt erst mal ‚ne Cola", sagte ich und bewegte mich unendlich langsam auf die Küche zu. Die Küche war voller Menschen. Das Gemurmel drang wie aus weiter Ferne zu mir und vergrößerte meinen Schwindel noch. Unsicher tastete ich mich zum Kühlschrank vor und nahm mir eine Flasche Cola heraus. Ein Glas konnte ich nicht finden, und so setzte ich die Flasche an den Hals und trank. Da hörte ich jemanden meinen Namen rufen. Es war

Nina. Sie kam vom anderen Ende der Küche auf mich zu.

„Anna, warte. Ich möchte dir Sophia vorstellen, unsere Untermieterin“, sagte sie und schob eine junge Frau auf mich zu. Ich traute meinen Augen nicht und starrte Sophia an. Es war die Frau aus der Bahn, die mich anlächelte und mir ihre Hand entgegenstreckte.

„Hallo, ich bin Sophia. Nina hat mir schon viel von dir erzählt“, sagte sie und schaute mich mit ihren offenen und klaren Augen an. Ich blickte stumm zurück, immer noch die offene Flasche Cola in der Hand. So vergingen einige Augenblicke, bis Nina schließlich wieder das Wort ergriff.

„Sophia kam zufällig vorbei, als wir das Büro mit dem Makler anschauten. Sie fragte gleich, ob wir nicht einen Schreibtisch untervermieten wollten. Lustiger Zufall, oder? Ich meine, mit diesem Angebot hat sie uns das Büro hier doch erst möglich gemacht. Sie ist freie Texterin und Redakteurin, oder sollte ich lieber ‚angehende Schriftstellerin‘ sagen?“, plapperte sie weiter, während ich Sophia ununterbrochen anstarrte.

„Oh, entschuldigt, da kommt gerade ein guter Bekannter, den ich unbedingt begrüßen muss. Vielleicht wird er mein nächster Kunde. Drückt mir die Daumen“, sagte Nina, verschwand im nächsten Moment und ließ Sophia und mich alleine vor dem Kühlschrank stehen. Ich musste etwas sagen.

„Willst du auch einen Schluck Cola?“, war leider alles, was mir einfiel, und ich hasste mich dafür, dass ich in diesem Moment nicht wirklich bei mir war. Mein Herz schlug immer noch zu schnell, meine Wangen glühten und meine Ohren rauschten. Es gab so viele Dinge, die ich sie gerne gefragt hätte, aber leider fiel mir im Moment nichts Konkretes ein.

Das Hintergrundgemurmel in der Küche war mittlerweile zu einer ohrenbetäubenden Lautstärke angeschwollen, und ich hatte große Schwierigkeiten, Sophia zu verstehen. Hochkonzentriert starrte ich auf ihre Lippen.

„Ja, gerne“, antwortete sie und hielt mir ihr leeres Glas entgegen. „Bist du auch Grafik-Designerin?“

„Nein, ich kenne Nina eher vom Feiern als vom Arbeiten“, versuchte ich so locker wie möglich zu sagen.

Die Situation war unerträglich.

„Ich muss auf Toilette“, murmelte ich undeutlich. Ich zwängte mich so schnell, wie es mir eben möglich war, durch die Menschenmenge nach draußen vor die Tür. Ich wollte nur noch weg von hier und endlich alleine sein. Draußen setzte ich mich auf den Bordstein, trank die Flasche Cola aus, die ich immer noch in der Hand hielt, rauchte eine Zigarette, und gab mich meinen Selbstvorwürfen hin.

„Ach, hier bist du. Ich habe dich schon überall gesucht. Alles ok mit dir?“, riss mich Peter schließlich aus meinen Gedanken.

„Ja, geht schon. Ein bisschen schwindelig.“

„Ist dir kalt? Magst du meine Jacke haben?“, fragte er mich besorgt und strich mir eine Haarsträhne aus dem Gesicht. Ich stutzte, Peter verhielt sich definitiv anders als sonst. War das ein Flirtversuch? Ich wusste, dass Peter ein Charmeur war, ein stadtbekannter Weiberheld, der unzählige Herzen gebrochen hatte. Er war groß und schlank, hatte dunkle Augen und diese süßen braunen Löckchen, die sich in seine Stirn und um seine Ohren kräuselten. Aber mein Herz war schon gebrochen – was also sollte mir passieren? Ich schmiegte mich an seinen Arm, ließ mich „meine Schöne“ nennen und genoss seine Komplimente.

„Ich würde jetzt gerne nach Hause gehen“, sagte ich nach einer Weile und Peter bot sich an, mich nach Hause zu bringen. Wir liefen Hand in Hand durch die dunklen Straßen und hielten nur ab und zu an, um uns zu küssen. Im ersten Moment fühlte es sich fremd und anders an – ich hatte seit Ewigkeiten immer nur Markus geküsst – aber dann konnte ich mich auf Peters Zunge und seinen Rhythmus einlassen. Ich mochte, wie er roch und schmeckte, und mit jedem Kuss entfernte ich mich ein Stück weiter von Markus. Peter kam mit zu mir und wir verbrachten die Nacht zusammen. Zunächst war ich etwas ungelenk und verkrampft, aber Peter gab mir ein gutes Gefühl. Mit der Zeit vergaß ich meine Zweifel und meine Hemmungen. Ich ließ mich völlig gehen. Seit langem empfand ich das erste Mal wieder Lust. Ich stöhnte, ich schrie, ich weinte. Mir war, als würde ein Knoten in mir platzen und mich aus meiner dunklen Isolation befreien. Meine Sinne erwachten wie aus einem langen Dornröschenschlaf.

„Alles gut, Anna?", fragte er mich. Vielleicht hatte meine verzweifelte Lust etwas irritierend auf ihn gewirkt? Vielleicht wollte er aber auch nur eine Bestätigung seiner Liebeskünste von mir. Ich entschied mich für die zweite Alternative.

„Und ob, sehr gut. Du hast mich aus einem langen Schlaf geweckt", sagte ich und erhielt ein stolzes und selbstzufriedenes Lächeln.

Es war eigenartig, mit einen anderen Mann in unserem Bett zu liegen. Ich empfand eine große Distanz zwischen Markus und mir, von der ich nicht wusste, ob wir sie jemals wieder überbrücken könnten. Unser gemeinsames Leben schien Ewigkeiten zurückzuliegen.

Als ich wach wurde, war Peter bereits gegangen. Auf dem Küchentisch fand ich eine Visitenkarte, auf die er eine Nachricht geschrieben hatte: „Es hat Spaß gemacht, dich wach zu küssen. Peter". Neben der Karte lag ein kleines Alufolie-Päckchen. Ich konnte mir schon denken, was darin war, und meine Ahnung bestätigte sich. Es war ein kleines Blütchen Gras, das Peter mir als Dankeschön und kleinen Gruß da gelassen hatte. Ich seufzte und machte mir erstmal einen Kaffee. Was für ein Abend, was für eine Nacht, und zum überraschenden Abschluss nun ein Blütchen Gras auf meinem Tisch. Ich saß mit meinem Kaffee da, nahm das Gras in die Hand, roch daran und betrachtete es von allen Seiten. Mir war völlig klar, dass ich es in der Toilette herunterspülen sollte. Mir war aber genauso klar, dass ich das nicht tun würde. Es war unbestreitbar, dass das Kiffen einen schlechten Einfluss auf mein Leben hatte. Gerade der gestrige Abend hatte mir die dunkle Seite der Droge deutlich vor Augen geführt. Ich hatte mich unsicher und isoliert gefühlt und war nicht in der Lage gewesen, in Kontakt mit meiner Umwelt zu treten. Gerade im entscheidenden Moment hatte ich versagt. Das war sicherlich nicht die einzige Chance, die ich in den letzten Jahren verpasst hatte. Und dennoch – es gab auch diese andere Seite, die vermeintlich lichte und schöne Seite, die mich mit dieser Droge verband. Auch in dieses Gesicht hatte ich am Abend zuvor geschaut und und eine kribbelnde Euphorie gespürt wie lange nicht mehr. Der Gedanke, für immer auf dieses „High" verzichten zu müssen, erfüllte mich mit großer Traurigkeit. Während ich so über die beiden Seiten nachdachte, hatte ich unmerklich begonnen, ein Stück von Peters Visitenkarte abzureißen und einen Filter daraus zu rollen. Ach, wie ich dieses Ritual immer geliebt hatte! Kaum jemand konnte so wunderschöne Joints bauen wie ich. In diesem Moment war längst klar, dass ich überhaupt nichts wegschmeißen würde, und ich sagte mir: „Ich will nur noch ein einziges, kleines Abschiedstütchen rauchen und es ganz bewusst genießen. Ich möchte doch nur noch einmal wissen, wie es sich anfühlt und dieses Gefühl dann in meinem Inneren bewahren."

Natürlich rauchte ich nicht nur ein einziges Tütchen. Nein, ich blieb den ganzen Tag zu Hause und rauchte ein Tütchen nach dem anderen, bis alles weg war. Mit jedem Zug fühlte ich mich schlechter. Fast kam es mir so vor, als würde ich im Schnelldurchlauf meine gesamte Kiffer-Karriere durchleben. Das erste Tütchen beflügelte mich noch. Ich saß auf meinem Sessel und beobachtete den Baum vor unserem Fenster. Ich versank vollends in dieser Beobachtung. Nichts stand zwischen mir und diesem Baum, der sich langsam im Wind bewegte. Nach dem zweiten Tütchen legte ich Musik auf und genoss die Intensität meiner Wahrnehmung. Ich tanzte durch die Wohnung. Die Musik und ich, wir waren eins. Ich konnte die Töne und Klänge nicht nur hören, sondern spüren und sehen. Ich bildete mir ein, mich mitten in einem Abschiedsritual zu befinden. Mit jedem weiteren Tütchen verflog die euphorische Stimmung zusehends. Träge und dumpf schaute ich völlig sinnentleertes Nachmittagsprogramm im Fernsehen an, nur um mich nicht mit meinen eigenen Gedanken und Zweifeln beschäftigen zu müssen. Ich endete mit einer Flasche Wein und Selbstvorwürfen in der dunklen Wohnung, bis ich in einen traumlosen Schlaf sank.

Ich brauchte zwei Tage, um mich von diesem Rückfall zu erholen. Zwei Tage, in denen mich jede Bewegung und jeder Gedanke anstrengte. Aber ich hatte auch etwas gelernt dabei.

Jedes Ding hat zwei Seiten, und die eine ist nicht ohne die andere zu haben. Mein Drogenkonsum hatte mir intensive und bewusstseinserweiternde Momente beschert – sowohl körperlich als auch geistig. Die Trauer- und Verlustgefühle, die ich deswegen empfand, waren Teil meines Weges. Und dieser Weg war noch ziemlich lang. Ich war weit davon entfernt eine „Gelegenheits-Kifferin“ zu sein. Ich würde sofort in alte Gewohnheiten zurückfallen. Und eines war mir auch klar: Ich wollte nüchtern bleiben. Das war trotz allem eine gute und wichtige Einsicht. Meine Selbstbeobachtungen schrieb ich in mein Notizbuch, damit sie mir nicht mehr verloren gehen würden.

Ein paar Tage später war ich mit Ryszard verabredet und brannte darauf, ihm von Sophia und meinen auf dunklen Wegen erlangten Erkenntnissen zu erzählen.

„Ryszard, du wirst niemals erraten, wen ich auf Ninas Party getroffen habe“, sagte ich, als er vor meiner Tür stand.

„Dann brauche ich es ja nicht zu versuchen.“

„Sophia."

„Sophia?"

„Na, Sophia. Meine Unbekannte aus der Bahn. Du weißt schon, die Frau mit dem Tagebuch."

Ich erzählte von unserer Begegnung, meinem Rückfall, der auch ein heilsamer Schock war, und meiner peinlichen Sprachlosigkeit. Die Episode mit Peter ließ ich aus. Aber Ryszard hörte mir gar nicht richtig zu und zeigte wenig Begeisterung für diesen schicksalhaften Zufall. Er stand im Wohnzimmer am Fenster und hatte mich die ganze Zeit nicht angesehen. Er sah anders aus als sonst. Keine Ketten, kein buntes Hemd, sondern einfach nur Jeans und T-Shirt.

„Was ist los mit dir? Hast du gehört, was ich dir gerade erzählt habe?", fragte ich nach.

„Ich muss zurück nach Hause, Anna. Zurück nach Polen. Meine Ex-Frau hat mich gestern angerufen. Mein Sohn ist in Schwierigkeiten", antwortete Ryszard fast tonlos. Er starrte weiter aus dem Fenster und sah mich immer noch nicht an.

„Was denn für Schwierigkeiten?"

„Ich weiß es nicht genau, er hat irgendetwas angestellt, sich mit Schulfreunden geprügelt oder so. Einer von ihnen wurde schwer verletzt und liegt im Krankenhaus. Seine Eltern haben die Polizei eingeschaltet. Meine Ex-Frau meint, dass ich schuld daran bin, weil ich mich zu wenig um ihn gekümmert habe."

„Und hat sie recht damit?", fragte ich ihn und schämte mich, dass ich ihn nie zuvor nach seiner Familie gefragt hatte, überhaupt wusste ich kaum etwas über sein Leben.

„Vielleicht", sagte Ryszard nach einer Weile. „Ich habe mich sehr egoistisch verhalten und mich nur um mich gekümmert. Um mich und meine Verwirklichung. Meinen Sohn habe ich in den letzten Jahren kaum gesehen und kaum etwas dafür getan, die Beziehung zu ihm aufrecht zu erhalten."

„Und jetzt?"

„Jetzt will ich für ihn da sein – ich fahre schon morgen los und ich weiß nicht, wann ich wiederkommen werde."

„Morgen schon?", sagte ich etwas zu laut und schob schnell ein „Kann ich dir irgendwie helfen?" nach.

„Nein, Anna, das ist lieb von dir, aber dabei kann mir niemand helfen, da muss ich alleine durch. Das ist mein Keller", sagte er und nahm meine Hand „Weißt du, ich habe viel gelernt von dir."

„Was denn?", fragte ich.

„Es ist nie zu spät, sich mit seinen Fehlern auseinanderzusetzen und einen neuen Weg einzuschlagen."

„Aber das habe ich von dir gelernt!", versuchte ich so heiter wie möglich zu sagen.

„Ich habe es gesagt, aber du hast es getan."

Wir umarmten uns lange zum Abschied und ich spürte seine Traurigkeit und seine Verzweiflung. Ryszard bedeutete mir viel und mein Herz verkrampfte sich bei dem Gedanken, dass ich auch ihn gehen lassen musste.

Das war das letzte Mal, dass ich Ryszard gesehen habe. So plötzlich er in mein Leben getreten war, so plötzlich verschwand er wieder daraus. Einige Wochen nach unserem Treffen bekam ich eine Karte von ihm.

„Anna – ich werde nicht mehr zurück nach Deutschland kommen. Meine Familie braucht mich und ich will nicht mehr weglaufen. Alles Gute für dich – ich werde dich niemals vergessen. Dein R."

Unter seiner alten Handynummer war er nicht mehr zu erreichen und ich kannte weder seine alte noch seine neue Adresse. Wäre diese Karte nicht gewesen, ich hätte daran gezweifelt, ob es ihn überhaupt gegeben hatte oder ob er lediglich ein Produkt meiner Fantasie war.

Sehnsucht

Ich verlor Ryszard, aber ich gewann eine neue Freundin: Sophia. In der Woche nach der Einweihungsfeier besuchte ich Nina im Büro und traf dort auch Sophia, die der tatsächliche Grund meines Besuches war. Ich entschuldigte mich bei ihr für den abrupten Abbruch unseres Gespräches und erzählte ihr von unserer ersten Begegnung in der Bahn. Natürlich konnte sie sich nicht daran erinnern. Wir trafen uns dann immer häufiger. Sie war relativ neu in der Stadt und genauso froh wie ich, jemanden gefunden zu haben, mit dem sie sprechen konnte. Unsere Gespräche waren von Anfang an besonders. Es gab eine große gemeinsame Leidenschaft, die uns miteinander verband: Bücher. Ich hatte noch nie einen Menschen getroffen, der so viel gelesen hatte wie Sophia. Wir verbrachten Abend um Abend damit, uns über unsere Lieblingsbücher zu unterhalten und zu diskutieren, was uns begeistert oder berührt hatte. Ich fing wieder an zu lesen und folgte bereitwillig Sophias Empfehlungen, die mich zu neuen Entdeckungen führten. Sophia träumte davon, selbst Bücher zu schreiben, und interessierte sich deshalb nicht nur für das Werk eines Schriftstellers, sondern auch für sein Leben, seine Persönlichkeit und die Höhen und Tiefen, die er erlebt hatte. Sie wollte wissen, welche persönlichen Erfahrungen hinter den Geschichten steckten und wie sie in einen Roman verwandelt wurden. Sie konnte stundenlang darüber philosophieren. Dieses große Ziel, das sie vor Augen hatte und dem sie folgte, trug sie durch den Alltag und ließ sie die Absurditäten und Ärgernisse in ihrem Job mit einem Augenzwinkern ertragen.

„Weißt du, Anna“, sagte sie einmal zu mir, „ich bin mir sicher, dass das Schreiben meine Aufgabe und meine Erfüllung ist. Ich werde niemals davon ablassen. Es ist völlig egal, ob ich damit Erfolg haben werde oder ob jemand meine Geschichten lesen möchte, ich muss das einfach machen. Es ist wie ein innerer Drang, dem ich nicht widersprechen kann.“

„Das muss sich gut anfühlen, wenn man so genau weiß, was man will und wozu man auf der Welt ist. Ich habe meine Aufgabe noch nicht gefunden. Immerhin kann ich wieder daran glauben, dass es in dieser Welt eine Aufgabe und einen Platz für mich gibt", antwortete ich. Vor nicht allzu langer Zeit war ich felsenfest davon überzeugt gewesen, dass es in dieser Welt nichts für mich zu tun gab, dass diese Welt dunkel und schlecht sei. Nun fing ich wieder an, mich für die Außenwelt zu interessieren. Ich hörte die Vögel wieder zwitschern, spürte die warmen Sonnenstrahlen auf meiner Haut, freute mich über ein gutes Essen oder ein gutes Buch. Natürlich dachte ich oft an Markus und vermisste ihn immer noch sehr. Aber der Schmerz war nicht mehr so laut, dominierte nicht alle anderen Empfindungen, sondern trat langsam in den Hintergrund.

Eines Abends fragte mich Sophia: „Warum hast du eigentlich so viel gekifft, Anna?"

Ich konnte ihr keine klare Antwort darauf geben. Weil ich anders sein wollte, weil ich es cool fand, weil es mich wie eine Schutzhülle vor der Welt bewahrt hat, weil es eine Art Rebellion war, weil es mir ein Gefühl von Freiheit gab, weil ich es einfach mochte, berauscht zu sein. Ich ging mit Sophias Frage nach Hause, nahm sie mit in den Schlaf und mit in meinen Traum.

Ich saß in einem Bus und fuhr durch eine große Stadt. Als der Bus in eine dunkle Straße abbog, versperrte eine Menschenmenge den Weg. Wir konnten uns nur noch im Schritttempo fortbewegen. Die Menschen klopften an die Scheiben, schrien Parolen, die ich nicht hören oder verstehen konnte, hielten Schilder und Banner hoch.

„Oh, eine Demonstration", dachte ich. Vergeblich versuchte ich die Aufschriften auf den Schildern und Bannern zu entziffern, um den Grund der Demonstration zu erfahren. Dann entdeckte ich plötzlich Sophia in der Menschenmenge. Auch sie hielt ein selbst beschriebenes Schild in

die Höhe, auf dem ich deutlich das Wort „Sehnsucht" lesen konnte. Ich stand sofort auf, ging zu dem Busfahrer und bat ihn, die Türe für mich zu öffnen, damit ich aussteigen konnte. „Sophia", rief ich und versuchte sie in der Menschenmenge zu finden. Ich wurde aber immer wieder mitgerissen und von den Menschen in eine andere Richtung gedrängt. Dann sah ich sie plötzlich ein paar Meter vor mir und schaffte es, mich zu ihr durchzukämpfen. Ich legte meine Hand auf ihre Schulter. Sie drehte sich um. Ich erschrak. Sophia hatte sich in eine alte hässliche Frau verwandelt, die mich mit ihrem bösen Blick durchdringend anschaute. Auf dem Schild, das sie in der Hand hielt, stand nur noch „Sucht" und das freundliche „Sehn" war verschwunden. Verwirrt rannte ich weiter und sah Sophia auf der anderen Seite der Straße stehen – nun konnte ich das Wort „Suche" auf ihrem Schild lesen. Als ich sie erreichte, stand plötzlich wieder die alte, angsteinflößende Frau vor mir, die mir wütend ihr Schild mit der Aufschrift „Sucht" entgegenhielt und versuchte, mich damit in die Flucht zu schlagen.

Ich erwachte völlig verwirrt und konnte mir keinen Reim auf diesen Traum machen. Was hatten Suche, Sucht und Sehnsucht gemeinsam und was sollte das mit mir zu tun haben? Ich lag den Rest der Nacht wach und dachte darüber nach, dass ich es bisher vermieden hatte, mich als süchtig zu bezeichnen. Süchtig, das klang so hart. Das klang nach Krankheit, nach Schwäche, nach Ausweglosigkeit, nach Aufgeben, nach Flucht. Das hatte wenig mit der Freiheit und der Befreiung gemein, die ich gesucht hatte. Ich hatte große Schwierigkeiten, mich und mein Leben mit diesem Bild, das ich von einem „Süchtigen" hatte, in Verbindung zu bringen. Entweder musste ich mein Selbstbild korrigieren oder mein Bild eines Süchtigen revidieren.

Nach meinem Morgen-Kaffee machte ich wie immer in den letzten Wochen meine Yoga- und Meditationsübungen, die ich in Gedenken an Ryszard sehr ernst nahm. So hatte ich die Phase des Still-Sitzens in der letzten Zeit immer weiter ausgedehnt und erste Veränderungen wahrgenommen. Meine Gedanken waren insgesamt ruhiger geworden. Ich nahm mittlerweile immer mehr die Position eines distanzierten Beobachters ein, während meine Gedanken wie aus dem Nichts auftauchten und wieder entschwanden. Manchmal gelang es mir, meine Gedanken aus verschiedenen Perspektiven zu betrachten und zu sehen, woher sie kamen und mit welchen anderen Gedanken sie zusammenhingen. Dabei schaute ich sie einfach nur an, ohne sie zu be- oder verurteilen und ohne sie verändern zu wollen.

An diesem Morgen machte ich eine Erfahrung, die die Zusammenhänge aus meinem Traum in einem völlig neuen Licht erschienen ließ. Eine Erfahrung, die ich nur schwer in Worte fassen konnte. Ich saß auf meiner Yogamatte und konzentrierte mich auf meinen Atem. Die Bilder des Traumes huschten immer wieder durch meinen Kopf. Es dauerte eine Weile, bis ich sie gehen lassen konnte. Nach einigen Minuten beruhigte sich mein Geist. Eine Art Raum entstand in mir und um mich herum. Eine innere Stille, in der ich frei von allen Dingen und Ansprüchen der Außenwelt verweilte. Wie ein körperloses Schweben im Nichts, das nicht leer ist; wie ein zeitloses Verharren in der Stille, die nicht leise ist. Ich weiß nicht, wie lange dieser Moment andauerte, aber er erfüllte mich mit großer Zufriedenheit und Ruhe. Und mir wurde plötzlich klar: Es gab eine Ähnlichkeit zwischen einem Drogenrausch und dieser Erfahrung in der Meditation. Ich hatte am Anfang meiner Drogen-Experimente ähnliche Momente erlebt. Momente, in denen ich durch meine inneren Welten und Bilder geflogen und mit neuen Erfahrungen und Erkenntnissen zurückgekehrt war. Auch damals hatten sich Räume oder Türen in mir geöffnet, die ich vorher nicht gekannt hatte, und die mir einen kurzen Blick aus der Vogelperspektive ermöglicht hatten. Diesen Momenten war ich nachgejagt. Ich hatte sie zu wiederholen versucht, mich aber mit jedem Tütchen, jedem Näschen und Gläschen weiter davon entfernt. Und so hatten sich meine Sehnsucht und meine Suche langsam in eine Sucht verwandelt, die mich immer weiter von dem fortführte, was ich eigentlich zu suchen glaubte. Voller Dankbarkeit dachte ich an Ryszard, der mir mehr als irgendjemand sonst geholfen hatte, aus diesem Kreislauf auszutreten und einen neuen Weg zu finden.

So vergingen einige Wochen. Meine Schwester steckte mitten in den Hochzeitsvorbereitungen, und ich unterstütze sie, so gut ich konnte, als telefonischer Ratgeber. Eheringe, Menüauswahl, Tischordnung, Fotograf, Brautfrisuren – das waren momentan die Dinge, die sie beschäftigten. Sie hörte sich genauso geduldig meine Geschichten an, und wir waren uns näher als jemals zuvor. Und dann, eines Abends Anfang Juli, klingelte es. Markus stand mit einem Strauß Blumen vor der Tür.

„Hallo Anna, da bin ich wieder. Ich hoffe, du willst mich immer noch zurück", sagte er und meine Überraschung hätte nicht größer sein können. Ich starrte ihn ungläubig an, unfähig, ein einziges Wort zu sagen. Er nahm mich in die Arme. Wie lange hatte ich auf diesen Moment gewartet. Nach mehr als vier Monaten stand er nun plötzlich hier und schaute mich an wie ein reumütiger, kleiner Junge, der auf die Güte seiner Mutter hoffte.

„Komm erst mal rein", sagte ich schließlich und nahm ihn bei der Hand.

„Du weißt gar nicht, wie schön es ist, wieder zu Hause zu sein. Ich habe das alles so vermisst", sagte er und ging in die Küche. „Haben wir Bier da?"

„Nein – aber ich kann dir ein Glas Wein geben, wenn du magst."

„Nein, lieber ein Bier. Dann gehe ich kurz zur Tankstelle. Ich muss eh noch meine Tasche aus dem Auto holen", er sah mich unsicher an. „Natürlich nur, wenn ich das Wochenende bleiben darf?"

„Natürlich darfst du – ich freue mich, dass du da bist. Ich bin einfach nur so überrascht. Ich kann es kaum glauben."

„Ok, dann hast du jetzt ein paar Minuten Zeit, um die Neuigkeiten zu verarbeiten", sagte er lächelnd und war auch schon verschwunden.

War das gerade wirklich passiert, fragte ich mich, als ich plötzlich wieder alleine in der Wohnung stand. War Markus gerade zu mir zurückgekehrt? Ich ging ins Badezimmer, schaute in den Spiegel und machte mich ein wenig frisch. Mir gefiel, was ich sah. Meine blonden Haare waren etwas länger als sonst und fielen mir schon fast bis auf die Schultern. Meine Wangen waren wieder etwas voller und meine Augen waren klar und voller Glanz. Ich schrieb Sophia eine kurze Nachricht, dass ich unsere Verabredung für den Abend nicht halten konnte. In diesem Moment hörte ich auch schon, wie Markus den Schlüssel in die Haustür schob und aufschloss.

„Bin wieder da!", rief er. Ich lief ihm entgegen und umarmte ihn.

„Ich bin so froh, dass du wieder da bist. Ich hatte die Hoffnung schon aufgegeben", sagte ich leise und schmiegte mich an ihn.

„Jetzt wird alles gut", flüsterte Markus mir ins Ohr. Wir gingen in die Küche und setzten uns an den Tisch. Ich öffnete eine Flasche Wein, füllte mein Glas und Markus nahm sein Bier.

„Auf uns!", sagte er und wir stießen auf eine gemeinsame Zukunft an, die wieder möglich schien. Ich schaute Markus erwartungsvoll an. Ich wartete darauf, dass er etwas sagen würde.

„Anna, es tut mir leid, was in den vergangenen Monaten passiert ist. Ich weiß, dass ich dich sehr verletzt habe. Dafür möchte ich mich entschuldigen. Aber es ging nicht anders. Ich war so unzufrieden. Du hast meine Beschwerden nicht ernst genommen und keine Anstalten gemacht, etwas zu ändern. Ich konnte und wollte nicht so weitermachen“, fing Markus nach ein paar Minuten des Schweigens dann endlich an.

„Ich musste mich von dir lösen, um herauszufinden, ob es das schon gewesen ist.“

„Und hast du das nun herausgefunden?“, fragte ich.

„Ich habe dich sehr vermisst in der letzten Zeit und mich oft alleine gefühlt. Es ist mir schwer gefallen, nicht mit dir zu sprechen. Das bedeutet ja wohl, dass uns immer noch mehr verbindet als trennt.“

Markus saß zusammengesunken auf dem Stuhl und sprach mehr zu seiner Bierflasche als zu mir. Unwohlsein strömte aus jeder Pore seines massigen Körpers.

„Was ist mit Lara?“, sprach ich die Frage aus, die mir schon die ganze Zeit im Kopf saß.

„Nichts mehr. Das Abenteuer Lara ist beendet“, war seine knappe und abweisende Antwort, die mir signalisierte, dass weiteres Nachfragen im Moment nicht erwünscht war.

„Und wie stellst du dir deine Rückkehr nun vor?“, fragte ich stattdessen.

„Ich weiß es nicht genau. Vielleicht könnten wir zusammen wegfahren und etwas Zeit miteinander verbringen. Nächste Woche muss ich noch ins Büro, aber danach die Woche habe ich frei. Was meinst du?“

„Eine Woche Urlaub – das hört sich gut an. Ich kann mir bestimmt auch frei nehmen“, antwortete ich und lächelte Markus an.

Markus blieb das ganze Wochenende. Wir kreisten vorsichtig umeinander, stets bemüht, nichts Falsches oder Verletzendes zu sagen. Wir mieden das Thema „Lara“ und alles, was damit zusammenhing. Wir versuchten, diese ersten Momente miteinander möglichst unbeschwert zu gestalten. Wir kochten zusammen, besuchten eine Ausstellung und planten unseren gemeinsamen Urlaub, den wir in einer kleinen Bucht auf Ibiza verbringen wollten, die wir vor einigen Jahren schon einmal besucht hatten. Wir verbrachten unsere erste gemeinsame Nacht seit Monaten miteinander und lagen Hand in Hand in unserem Bett. Wir küssten uns nicht und wir schliefen auch nicht miteinander. Aber ich war glücklich und voller Hoffnung und Zuversicht, dass wir mit der Zeit wieder zueinander finden würden. Alles machte wieder Sinn. Ich war stolz und froh, dass ich es geschafft hatte, die für mich und uns entscheidenden Änderungen in diesen Wochen der Verzweiflung anzugehen. Ich, die neue Anna, war bereit für einen Neubeginn, und es schien mir, als hätte Markus keinen besseren Zeitpunkt wählen können, um zu mir zurückzukehren.

Gleich Montag bat ich Kristine um einen kurzen Termin, um meinen Urlaubswunsch mit ihr abzustimmen. Wir gingen zu Kristines Lieblings-Inder und saßen vor einem köstlich dampfenden Curry.

„Kann ich nächste Woche frei haben? Markus und ich wollen eine Woche zusammen in Urlaub fahren", sagte ich und konnte ein breites Grinsen in meinem Gesicht nicht verhindern.

„Markus – ist das nicht dein Ex-Freund?"

„Eigentlich schon, aber es sieht so aus, als würden wir es noch einmal miteinander versuchen."

„Schön, aber schwierig. Versprich dir nicht zu viel davon. Man kann die Zeit nicht zurückdrehen."

Das wollte ich nicht hören – sie kannte weder Markus noch mich noch unsere Beziehung, wie sollte sie da unsere Chancen einschätzen können?

„Was ist mit dem Urlaub?", hakte ich ungeduldig nach.

„Kannst du gerne haben."

„Ich danke dir, Kristine. Nicht nur für den Urlaub, sondern auch für dein Verständnis", sagte ich nun wieder etwas versöhnlicher.

„Schon gut, Anna. Das habe ich gerne gemacht. Ich mag dich. Ich glaube, dass noch viel mehr in dir steckt, als du bisher zeigen konntest. Und deshalb möchte ich dir ein Angebot machen."

„Jetzt bin ich aber gespannt“, sagte ich und hatte keine Ahnung, was Kristine mir vorschlagen könnte.

„Wir haben beschlossen, eine duale Studienmöglichkeit bei uns im Institut einzurichten. Einen festen Job in Verbindung mit einem Psychologiestudium an der Fernuni. Hättest du Interesse, an dem Programm teilzunehmen? Wir starten mit dem Beginn des Wintersemesters im Herbst.“

„Ich weiß nicht, was ich sagen soll. Das ist toll! Danke, dass du mir das zutraust. Kann ich ein paar Tage darüber nachdenken?“, fragte ich.

„Kein Problem – du musst nicht sofort antworten. Lass dir die Sache durch den Kopf gehen und sag mir nach deinem Urlaub Bescheid.“

Das war nicht einfach nur ein Angebot, das war eine neue Perspektive. Ich musste einfach nur zustimmen. Dennoch zögerte ich. Ich würde mich für mindestens sechs Jahre binden, nicht nur an das Institut, sondern genauso an diese Stadt. Ich könnte nicht ohne weiteres mit Markus gehen und würde meine vermeintliche Freiheit gegen ein verbindliches Ziel tauschen. Festlegen war nicht unbedingt eine meiner Stärken. Den Nachmittag verbrachte ich damit, mich von dem Angebot und den damit verbundenen Entscheidungen und Fragen abzulenken. Jetzt stand erst mal der Urlaub mit Markus an. Weiter wollte ich einfach nicht denken. Außerdem hatte ich noch eine unangenehme Aufgabe zu erledigen: Ich musste den Junggesellenabschied meiner Schwester absagen. Das fiel mir schwer, sehr schwer. Ich schob das Gespräch den ganzen Tag vor mir her. Als ich gegen Abend endlich bei ihr anrief und umständlich und entschuldigend meine Absage formulierte, reagierte sie entgegen meiner Befürchtungen sehr verständnisvoll.

„Ach, Anna. Das ist ja schrecklich – du wirst mir fehlen an diesem Abend. Wahrscheinlich wird es furchtbar langweilig werden ohne dich. Aber zur Hochzeit kommst du, oder? Ich kann ja schlecht ohne Trauzeugin heiraten.“

„Natürlich komme ich zur Hochzeit. Und ich wäre auch gerne zu deinem Junggesellen-Abschied gekommen. Aber ich will diese Chance mit Markus und das lässt sich nicht verschieben. Mein Glück hängt davon ab."

„Ich versteh dich ja – auch wenn ich mir nicht sicher bin, ob Markus diese Chance verdient hat. Aber das musst du selbst wissen." Und obwohl ich fest davon überzeugt war, dass dieser Urlaub wichtig, geradezu lebenswichtig für mich war, hinterließ das Gespräch einen bitteren Nachgeschmack. Es tat mir weh, sie zu enttäuschen. Von dem Studien-Angebot erzählte ich ihr nichts. Dafür aber Sophia, die gleich total begeistert war.

„Mensch, Anna. Das ist doch genau die Gelegenheit, auf die du gewartet hast. Das passt perfekt zu dir. Die Psyche des Menschen – ein unergründliches Mysterium", sagte sie euphorisch, als ich sie am nächsten Tag anrief.

„Ich weiß, aber was ist mit Markus?"

„Keine Ahnung – was soll mit ihm sein. Meinst du, er hätte etwas dagegen?"

„Nein, nicht direkt. Aber dann würden wir wieder in einer Fernbeziehung stecken."

„Erst mal müsste man wohl klären, ob ihr überhaupt eine Beziehung habt. Ein Strauß Blumen und ein paar nette Worte sind ein bisschen wenig nach dem, was ihr durchgemacht habt", sagte Sophia. „Wirklich – ich würde deinen Mister „Ich bin jetzt wieder da" gerne mal kennenlernen. Du solltest überlegen, ob er es wert ist, dein Leben nach ihm auszurichten."

„Sei nicht so hart mit mir. Ich habe doch noch nichts entschieden. Aber ich habe so lange auf Markus gewartet. Ich will ihn zurück. Ich will einfach, dass wir wieder zusammen sind."

Den Rest der Woche verbrachte ich mit Reisevorbereitungen. Markus und ich telefonierten jeden Tag miteinander und wir begannen wieder Anteil am Alltag des anderen zu nehmen. Er musste immer noch viel arbeiten und verbrachte die meiste Zeit im Büro oder ging mit seinem Chef abends Essen, um Strategien zu erarbeiten oder Meetings abzustimmen. Auf die Möglichkeit eines berufsbegleitenden Studiums reagierte er verhalten. Ob es denn wirklich des Institutes bedurfte, um Psychologie zu studieren. Ob ich sicher sei, dass es nun das richtige Studium wäre oder es wieder nach ein paar Semestern hinschmeißen würde, und dass wir im Urlaub in Ruhe über unsere Pläne und Möglichkeiten sprechen sollten. Seine Fragen waren berechtigt, und dennoch hätte ich mir etwas mehr Begeisterung gewünscht. Die kritischen Anmerkungen aus meinem Umfeld zu unserer Wiedervereinigung und seine zurückhaltende Reaktion auf das Studienangebot beschäftigten mich mehr, als ich mir eingestehen wollte und äußerten sich in einem Traum, den ich in der Nacht vor dem Urlaub hatte.

Ich lief auf einem schmalen Pfad durch meinen Trockenwald. Kristine und Sophia begleiteten mich, und wir zogen eine kleine Karre mit Baumsetzlingen hinter uns her. Wir liefen eine ganze Weile, bis wir an eine Lichtung kamen. Der Boden war trocken. Wir nahmen das Werkzeug, das wir mitgebracht hatten, und lockerten eine ziemlich große Fläche mit Harken und Schaufeln auf. Trotz der körperlichen Anstrengung waren wir in bester Stimmung und lachten und quatschten bei der Arbeit. Nachdem wir den Boden vorbereitet hatten, legten wir eine kurze Pause ein und setzten uns auf einen umgefallenen Baumstamm. Sophia packte unseren Proviant aus. Ich wollte gerade in ein Stück Brot beißen, als ich hörte, wie jemand leise meinen Namen rief. Ich stand ohne ein Wort zu sagen auf und folgte dem Rufen, das mich tiefer in den Wald führte. Nach ein paar Minuten entdeckte ich Markus, der auf einer Lichtung saß. Neben ihm lag etwas, das ich nicht klar sehen konnte. Dann erkannte ich die Reste meines kaputten Helium-Ballons. Was tat Markus da bloß, fragte ich mich.

„Ich repariere deinen Ballon, Anna. Es wird nicht lange dauern und dann können wir zusammen wegfliegen. In

einen anderen Wald, in einen blühenden Wald." Er lächelte mich an, ließ den Ballon sinken und kam mit ausgestreckten Armen auf mich zu. „Dieser Wald ist verloren, es bringt nichts ihn umzugraben. Die Arbeit kannst du dir sparen. Komm mit mir!"

Bisher war ich immer sehr vorsichtig in der Deutung meiner Träume gewesen, doch diesmal kam mir nur eine mögliche Bedeutung in den Sinn. Markus war der richtige Weg für mich. Er würde mich in eine glückliche Zukunft führen. Der beschwerliche und steinige Weg der letzten Monate war vorerst beendet und nun würde ich mit Markus die Früchte meiner Arbeit ernten.

Voller Vorfreude packte ich meinen Koffer und flog am Samstag mit Markus in den Urlaub.

Reisende

Wir landeten bei strahlendem Sonnenschein und fuhren mit einem Taxi weiter in unsere Bucht, die einsam und friedlich im Süden der Insel lag. Aber wir merkten schnell, dass sie nicht mehr ganz so friedlich und einsam war, wie wir sie in Erinnerung hatten. Im hinteren Teil der Bucht, hinter den Strandrestaurants, den kleinen Appartement-Häusern und dem Supermarkt befand sich nun eine Baustelle mit Kränen, Baumaschinen und Unmengen von Stahlgittern und Betonplatten. Hier sollten Luxusappartements für eine zahlungskräftige Zielgruppe entstehen.

„Wenigstens sehen wir sie nicht, wenn wir aus dem Fenster aufs Meer schauen", sagte Markus zu mir, während ich entsetzt auf das riesige Areal starrte, das wie ein bedrohlicher Fremdkörper in der Landschaft lauerte. Wir wohnten, genau wie damals, in einer kleinen Ferienwohnung mit Wohnküche, Schlafzimmer, Bad und Balkon, gleich am Strand. Damals, das war vor fünf Jahren, hatten wir uns ganz spontan zu einem verlängerten Frühlings-Wochenende auf Ibiza entschieden und diese Bucht entdeckt. Wahrscheinlich hofften wir beide, an diese glückliche und unbeschwerte Zeit anknüpfen zu können. Wir stellten unsere Taschen im Appartement ab und gingen Arm in Arm ans Meer. Wir schwammen zusammen in dem türkisblauen Wasser, lagen in der Sonne und genossen die Wärme und die Ruhe. Eine ganze Woche lag vor uns und wir hatten alle Zeit der Welt, um über uns und unsere Zukunft zu sprechen. Ich fühlte mich so leicht und gut wie seit Ewigkeiten nicht mehr.

Als die Dämmerung einsetzte, gingen wir in das kleine Restaurant, das gleich am Strand lag. Die einfachen Holztische standen unter knorrigen, alten Olivenbäumen. Wir bestellten eine Flasche Wein. Die Sonne ging langsam unter. Die Stimmung zwischen uns war offen und voller Zärtlichkeit.

„Anna", sagte Markus schließlich und nahm meine Hand, „die letzten Monate waren sehr anstrengend – für mich und für dich. Ich bin froh, nun etwas zur Ruhe zu kommen."

„Ich auch", sagte ich und wartete gespannt auf das, was nun kommen würde.

„Du weißt, dass die Agentur in einer schwierigen Phase war", fuhr Markus fort.

„Ja", sagte ich etwas zögerlich und dachte: Was hat das jetzt mit uns zu tun?

„Na ja, wir mussten fast ein Drittel der Leute entlassen, Strukturen überdenken und die Positionierung der Agentur schärfen."

Markus schenkte Wein nach und lehnte sich bedeutungsschwer zurück.

„Es war ein harter und extrem arbeitsintensiver Prozess, der aber bereits erste Erfolge zeigt. Ich will jetzt nicht in die Details gehen, aber ich kann sagen, dass ich eine wichtige Rolle dabei gespielt habe. Ohne mich wäre die Agentur wahrscheinlich nicht so schnell durch diese Krise gekommen." Markus prostete mir zu und in seinen Gesten und Bewegungen lagen Stolz und Selbstvertrauen. Während die ersten Tapas gebracht wurden, erzählte Markus weiter. Ich gab mir alle Mühe, ihm größtmögliche Aufmerksamkeit zu signalisieren. Markus sollte auf keinen Fall denken, dass ich ihn, seinen Job und seine Karriere nicht ernst nahm. „Aber das ist H.P. auch völlig klar", schloss Markus seinen Gedankengang schließlich ab.

„Hape?", wagte ich zu fragen.

„H.P. – das ist Hans-Peter, geschäftsführender Gesellschafter und Gründer der Agentur. Wir verstehen uns ziemlich gut, also nicht nur geschäftlich, sondern auch privat. Ein interessanter und charismatischer Unternehmer-Typ. Aber du wirst ihn sicherlich bald kennenlernen", antwortete Markus. Als die zweite Flasche Wein an unseren Tisch gebracht wurde, ging er dann doch in die Details, und auch unsere dritte Flasche Wein wurde begleitet von Etatgewinnen, Organisationstheorien, Budgetverhandlungen und Kick-Back Vereinbarungen. Es fiel mir immer schwerer, mein Interesse aufrecht zu erhalten. Aber Markus bekam das längst nicht mehr mit. Ich hätte gerne gefragt, ob Lara noch in der Agentur war. Aber ich fand nicht den richtigen Augenblick und entschied mich, die Frage in einem passenderen Moment zu stellen. Endlich verließen wir das Restaurant und liefen merklich angetrunken zurück zu unserem Appartement. Natürlich hatte ich Angst vor unserer ersten sexuellen Begegnung gehabt, Angst vor meinen Gedanken, Angst vor meinen Komplexen und Angst vor den Bildern in meinem Kopf. Dementsprechend viel hatte ich darüber nachgedacht, wie unsere erste Nacht oder unser erstes Mal am besten ablaufen sollte. Drei Flaschen Wein machten solche Kopfkonstrukte glücklicherweise zunichte, und so verlief dieses erste Beisammensein ziemlich schnell. Wir stolperten in unser Appartement und begannen bereits im Flur, uns zu küssen und uns gegenseitig auszuziehen.

„Ach, Anna. Es ist so schön, mit dir hier zu sein. Ich habe dich so vermisst", flüsterte mir Markus ins Ohr und schob mich ins Schlafzimmer, wo wir unsanft auf dem Bett landeten. Sein Körper, sein Geruch, seine Berührungen, das alles war so vertraut und irgendwie auch fremd. Ich fühlte mich aufgewühlt, beglückt, verzweifelt, lebendig, völlig klar und total betrunken. Alles auf einmal. Wohin mit all diesen widersprüchlichen Gefühlen, wohin mit all der Verwirrung? Ich begann zu weinen und klammerte mich umso fester an Markus. Doch nur wenige Minuten später war unser erster Liebesakt auch schon wieder beendet. Markus rollte sich grunzend zur Seite.

„Oh, Markus! Ich habe dich auch so vermisst. Ich bin fast wahnsinnig geworden ohne dich. Es ist so unsagbar schön, dass wir wieder zusammen sind. Wir gehören einfach zusammen und nichts und niemand kann uns so einfach trennen. Ich liebe dich!", flüsterte ich nun in sein Ohr und erhielt als Antwort ein zufriedenes Schnarchen.

Am nächsten Morgen wurde ich lange vor Markus wach und betrachtete ihn, wie er so neben mir im Bett lag. Das Sonnenlicht fiel auf sein dunkles, kurzes Haar und ich war voller Freude und Liebe, dass er bei mir war.

„Guten Morgen, meine Liebe", sagte er, nachdem er die Augen aufgeschlagen hatte. „Das war ein wunderschöner erster Urlaubstag und ein wunderschöner Abend. Ich kann mit niemanden so gut reden wie mit dir." Er sprang voller Elan aus dem Bett. „Soll ich Brötchen holen? Hast du Lust auf Eier mit Speck? Vielleicht ein paar frische Orangen? Ich habe einen Riesen-Hunger."

„Ja, alles gerne", antwortete ich.

Nach dem Frühstück gingen wir an den Strand. Wir sprachen wenig miteinander. Markus las in seiner Zeitung, ich in meinem Buch.

„Was liest du da?", fragte mich Markus nach einer Weile.

„Ein Buch über Träume und Traumdeutung von Jung", antwortete ich und freute mich über sein Interesse.

„Jung, dieser Psychofuzzi? Gehört das schon zur Pflichtlektüre einer eventuell angehenden Psychologiestudentin?", fragte Markus, und ich war mir nicht ganz sicher, ob das witzig sein sollte.

„Ja und nein", antwortete.

Markus schaute mich fragend an.

„Ja, der Psychologe C. G. Jung, der sicherlich auch im Psychologiestudium eine Rolle spielt. Aber nein, das ist nicht der Grund, warum ich das Buch lese. Wenn du magst, erzähle ich dir beim Mittagessen, wie ich zu diesem Buch gekommen bin. Hast du Lust?", fragte ich schließlich.

Markus nickte und wir gingen wieder zu unserem kleinen Strandrestaurant. Ich brauchte eine Weile, bis ich anfangen konnte. Während der Bestellung, dem ersten Glas Wein und drei Zigaretten suchte ich angestrengt nach den richtigen Worten und dem richtigen Einstieg.

„Deine Affäre war ein Schock für mich. Vielleicht

habe ich diesen Schock gebraucht, um die Dinge aus einer anderen Perspektive betrachten zu können. Um mich und meine Leben aus einer anderen Perspektive betrachten zu können. Diese Selbstbetrachtung war schmerzhaft. Mir hat nicht gefallen, was ich gesehen habe. Ich musste mir eingestehen, dass du mit deinen Vorwürfen recht hattest", begann ich, und meine Stimme war wieder etwas zu leise und zu unsicher. Warum fiel es mir verdammt noch mal so schwer, über mich zu reden?, ärgerte ich mich.

„Anna – nun übertreibst du wirklich. Ich fand einfach nur, dass du zu viel gekifft hast. Wegen mir hättest du nicht mal ganz aufhören müssen, weniger rauchen hätte es auch getan", sagte Markus.

„Das war mir nicht mehr möglich. Es ging nur noch: ganz oder gar nicht", sagte ich. Weder Markus noch irgendein anderer Mensch kannten das wahre Ausmaß meines Graskonsums. Und da niemand wirklich wusste, wieviel ich geraucht hatte, konnte auch niemand wirklich ermessen, was es nun bedeutete, nicht mehr zu rauchen.

„Vielleicht habe ich wegen dir mit dem Aufhören angefangen, aber am Ende habe ich es für mich getan. Ich habe viel über mich gelernt und meine Träume wiedergefunden", sagte ich und schaute Markus an, um die Wirkung meiner Worte auszumachen.

„Aha", war seine sehr reduzierte Reaktion. Der Fisch, der ihm in diesem Moment serviert wurde, schien von größerem Interesse für ihn zu sein.

„Ich hatte die letzten Jahre so gut wie gar nicht mehr geträumt oder mich nicht mehr an meine Träume erinnert", erklärte ich weiter.

„Ach, so meinst du das. Ist das was Schlimmes?", fragte Markus, ohne mich anzusehen. Er war mit der Zerlegung des gegrillten Fisches beschäftigt.

„Ich glaube schon. Ich glaube, dass unsere Träume uns etwas darüber erzählen können, was uns im Innersten bewegt. Wer wir sind und wer wir sein können."

„Anna, bitte. Was redest du da?", sagte Markus lachend. „Hat dir das der polnische Guru erzählt, den du kennengelernt hast? Wie hieß der noch mal?"

Seine Reaktion schüchterte mich ein. Ich stocherte beleidigt in meinem Essen herum. Da traute ich mich endlich mal, etwas zu erzählen, was mir wichtig war, und Markus fing an zu lachen.

„Jetzt sei doch nicht gleich eingeschnappt", versuchte Markus mich aufzuheitern.

„Ich bin nicht eingeschnappt. Ich würde mich nur freuen, wenn du mich ein wenig ernster nehmen könntest."

„Ich nehme dich ernst, und deshalb wundere ich mich auch, dass du plötzlich so einen metaphysischen Quatsch redest. Träume sind doch nicht mehr als eine Säuberung des Gehirns, eine Defragmentierung der Festplatte, eine einfache und effiziente Optimierungsfunktion. Damit will ich ihnen nicht die Wichtigkeit absprechen, im Gegenteil – sie sind lebenswichtig für die Funktionsfähigkeit des Gehirns und unsere mentale Leistungsfähigkeit. Nicht mehr und nicht weniger. Aber sie enthalten keine geheimen Botschaften. Jegliche Sinnhaftigkeit ist rein zufällig – willst du noch einen Schluck Wein?"

Ich nickte und dachte über seine Worte nach. Es gab viele Menschen, die das genauso sahen. Träume waren in ihren Augen nicht mehr als ein „Zufallsfeuerwerk der Neuronen", die das Gehirn in Bilder übersetzt und aus reiner Gewohnheit in einen sinnhaften Zusammenhang fügt. Aber das Träumen auf eine reine Ordnungstätigkeit zu reduzieren, griff meiner Meinung nach zu kurz. Traumforscher und Psychologen waren sich einig, dass sich in unseren Träumen aktuelle seelische Vorgänge widerspiegeln: Der Traum als geheimnisvolle und höchst persönliche Dichtung, die uns in Gleichnissen und in metaphorischer Sprache von uns und unseren Verstrickungen erzählt. Diese Sichtweise fand ich besser.

„Ja, diese Aufgabe haben sie auch. Und es gibt sicherlich Träume, die keine tiefere Bedeutung haben. Aber meine persönliche Erfahrung sagt mir, dass manche Träume mehr als ein bloßes Zusammensetzen bestehender Informationen und Erlebnisse sind."

„Ach, Anna", erwiderte Markus und schenkte mir ein überhebliches Lächeln. Damit war unser Gespräch zum Thema Träume für diesen Tag beendet. Wir tranken unseren Wein, aßen unseren Fisch und redeten über gemeinsame Bekannte, Katrins Hochzeit und andere unverfängliche Dinge. Ich hatte mir fest vorgenommen, Markus von dem zu erzählen, was in den vergangenen Monaten in mir vorgegangen war. Meine Träume sollten dabei nur der Einstieg sein. Warum nur war es so schwer, über „meine inneren Gedanken" zu sprechen? Warum konnte ich nicht die richtigen Worte finden, mich zu erklären? Warum klang alles so lächerlich, wenn ich versuchte, es in konkrete Aussagen zu fassen? Wie hätte ich nach seiner Reaktion von meiner Sucht-Sehnsucht-Erkenntnis sprechen sollen, wie den Zusammenhang zwischen Rausch und Meditation erklären? Wäre das in seinen Augen nicht erst recht spiritueller oder metaphysischer Quatsch gewesen?

Den Nachmittag verbrachten wir schweigend, lesend und schlafend am Strand. Nach einem kleinen Snack im Örtchen spazierten wir nach Hause und Markus schlief sofort ein. Kein Wunder, bei all dem Wein, den er über den Tag verteilt zu sich genommen hatte. Mir war früher gar nicht aufgefallen, wie viel Alkohol Markus trank.

Im Gegensatz zu Markus lag ich noch lange wach, mein Gesicht an seinem nackten Rücken, sein Geruch in meiner Nase und mein Kopf voller sich widersprechender Gedanken, die im Kreise tanzten. Früher war ich mir meiner Ansichten immer sehr sicher gewesen, nun fiel es mir immer schwerer, eine konkrete Meinung zu vertreten. Ich hatte das Gefühl, dass sich für den einen Standpunkt am Ende genauso viele Argumente finden ließen wie für die gegenteilige Auffassung. Alles war gleichzeitig falsch und richtig, gut und böse, wichtig und unwichtig. Als ich endlich eingeschlafen war, träumte ich einen sehr intensiven Traum.

Ich nahm an einem Fahrradrennen teil, aber das Fahrrad, mit dem ich das Rennen fuhr, war irgendwie zu groß für mich. Es war ein silbernes Rennrad mit extrem dünnen Alu-Stangen, einem harten Sattel und viel zu großen Rädern. Ich musste mich strecken, um überhaupt an die Pedale zu kommen. Die erste Etappe des Rennens führte über eine völlig überfüllte Brücke, auf der Autos, Fahrräder und Fußgänger durcheinander fuhren und gingen. Die Sicht war schon schlecht und wurde immer schlechter, bis die ganze Brücke in dichten Nebel gehüllt war. Ich gab mein Bestes und versuchte mich durch die Menge zu schieben. Dabei orientierte ich mich an den Geräuschen und den Rücklichtern der Autos, die ab und an durch den Nebel blitzten. Ich fühlte mich unsicher und mein Herz schlug laut. Aber ich wusste, dass Umkehren keine Option war. Hinter der Brücke wurde die Sicht wieder etwas besser und nach einer Weile gelangte ich an eine Art Markthalle, die voller Fische war. Einige Fische schwammen in Aquarien, andere lagen auf Tischen aufgebahrt und wieder andere steckten auf eigentümlichen Apparaturen. Große, graue Fische, die mich an Thunfische erinnerten, waren auf ein verwinkeltes Rohrsystem aufgesteckt, dass vom Boden bis zur Decke ging und die Fische mit Wasser versorgte. Eines der Rohre steckte im Kopf, ein anderes Rohr fixierte Körper und Schwanz der Fische. Die Fische drehten Kopf und Schwanz langsam von rechts nach links und schauten mich mit ihren großen Augen an. Es war unglaublich eng in der Halle. Ich hatte große Mühe, mit dem Fahrrad durchzukommen. Mal schob ich das Fahrrad und mal versuchte ich, es über Fische und Tische zu heben, um überhaupt weiterzukommen. Dabei versuchte ich, die Fische nicht zu berühren oder zu verletzen. Schließlich bot mir ein Mann, der hinter einer der Theken stand, seine Hilfe an und ich gab ihm erleichtert mein Rad. Als ich es dann endlich bis zum Ausgang geschafft hatte, gab mir der Mann das Fahrrad zurück. Aber es war nicht meins. Es war das genaue Gegenteil: klein, kompakt, dunkel lackiert und mit dicken Reifen. Ich kam mir sehr schlau vor, dass mir die Verwechslung sofort auffiel, und forderte sehr direkt mein altes Fahrrad zurück. Der Mann schaute mich verwundert an, schüttelte irritiert den Kopf und gab mir ohne weiteren Kommentar mein altes Fahrrad zurück. Ich stieg auf und fuhr ungelenk weiter.

Wir wurden früh von dem Lärm der Baustelle geweckt: Baumaschinen, schreiende Männer und hupende Autos hallten durch die Bucht. Markus hatte Kopfschmerzen und war schlecht gelaunt. Er fummelte nervös an seinem Smartphone herum. Er versuchte wichtige Nachrichten aus dem Büro zu öffnen, während ich mich anzog, um Brötchen zu holen. Die Bilder des Traumes beschäftigten mich. Ich ging am Strand entlang, der fast menschenleer war, und entschied mich, ein paar Yoga-Übungen zu machen, um den Kopf frei zu bekommen. Ich setzte mich in den Sand, spürte den Wind auf meiner Haut, hörte das Rauschen des Meeres und versuchte mich auf meine Übungen und meinen Atem zu konzentrieren. Aber so sehr ich mich auch bemühte, es gelang mir nicht, Ruhe in meine Gedanken zu bringen. Die ersehnte Stille stellte sich nicht ein. Im Gegenteil, je angestrengter ich es probierte, umso unruhiger und nervöser wurde ich. Nach einer gefühlten Ewigkeit stand ich auf und lief zu dem kleinen Supermarkt an der Plaza des Örtchens. Als ich zurückkam, telefonierte Markus immer noch, und er telefonierte auch noch, als das Frühstück bereits fertig war und ich den ersten Kaffee trank.

„Viel los im Büro“, sagte er, als er sich endlich zu mir setzte.

„Alles in Ordnung oder gibt's Ärger?“

„Nicht mehr als sonst. Nur ein paar Abstimmungen und Entscheidungen zu laufenden Projekten. Aber ich will nicht schon wieder über die Arbeit sprechen. Ich will lieber über uns sprechen."

Gut, dachte ich. Endlich, dachte ich und schaute Markus erwartungsvoll an.

„Ich möchte gerne, dass du zu mir ziehst und wir uns gemeinsam eine neue Wohnung suchen. Ich könnte mir sogar vorstellen, eine Eigentumswohnung zu kaufen. Was meinst du?"

Tja, was meinte ich? Ich meinte gar nichts. Obwohl das die Worte waren, die ich mir von Markus gewünscht hatte und auf die ich so lange gewartet hatte, passierte nichts in und mit mir. Keine Freude, keine Erleichterung, kein später Triumph. Ich stütze den Kopf in meine Hände, zog die Stirn etwas kraus und seufzte.

„Ist das nicht das, was du dir die ganze Zeit gewünscht hast?", fragte Markus nach.

„Doch schon, natürlich habe ich mir das gewünscht, aber jetzt geht es plötzlich so schnell."

„Schnell? Wie meinst du das?"

„Na, wir sind doch gerade erst dabei, wieder zueinander zu finden, uns wieder anzunähern. Ich meine, wir haben uns monatelang nicht gesehen und kaum miteinander gesprochen. Ich weiß überhaupt nicht, was du die ganze Zeit gemacht hast."

„Was soll ich denn gemacht haben? Ich habe fast die ganze Zeit gearbeitet. Das habe ich dir doch gestern erzählt."

„Und Lara?"

Markus verdrehte genervt die Augen und stöhnte.

„Das also wieder. Ich habe dir doch schon gesagt, dass die Sache beendet ist. Das war ein Abenteuer, nicht mehr und nicht weniger. Das hat nichts mit uns zu tun."

„Arbeitet ihr noch zusammen?", fragte ich weiter.

„Nein, Lara arbeitet nicht mehr bei uns. Beruhigt dich das?"

„Ja, irgendwie schon."

Markus nahm meine Hand. „Ich weiß, dass ich dir

sehr wehgetan habe und das tut mir leid, aber es musste sein. Ich kann die Zeit nicht zurückdrehen, ich kann jetzt nur nach vorne schauen, und das möchte ich gerne mit dir."

„Was ist mit meinem Studium?"

„Welchem Studium?"

„Na, dem Psychologiestudium."

„Das kannst du doch überall machen. Und einen Nebenjob kann ich dir auch bei uns in der Agentur besorgen. Außerdem weißt du doch noch gar nicht, ob du überhaupt studieren willst."

Ich schwieg und schmierte mir ein Brötchen. Er hatte recht, ich war noch nicht sicher, was das Studium anging.

„Ich will einfach, dass du in meiner Nähe bist. Ich brauche dich. Ich brauche deine Unterstützung. Wenn du willst, können wir auch heiraten und Kinder kriegen."

„Meinst du das ernst?", fragte ich erstaunt.

„Natürlich. Wenn es dir wichtig ist, dann bin ich bereit dazu. Ich meine, wir sind Anfang dreißig, da sollte man über solche Schritte nachdenken."

„Besonders romantisch hört sich das aber nicht an."

„Anna, was erwartest du von mir? Was willst du? Ich biete dir die Basis für eine gemeinsame Zukunft und dir passt die Wortwahl nicht. Hättest du es lieber bei Kerzenlicht und mit musikalischer Untermalung?", neckte Markus mich und brachte mich damit zum Lachen.

„Ich bin ein Idiot, Markus. Es tut mir leid. Ich weiß nicht, was mit mir los ist. Ich will doch auch, dass wir wieder zusammen leben", sagte ich und umarmte ihn.

Nach dem Frühstück fuhren wir nach Ibiza-Stadt, bummelten durch die wunderschönen Gassen der Altstadt, kämpften uns durch die Mittagshitze bis hinauf auf die Festung und bewunderten die Mega-Jachten im Hafen. Auf einem kleinen Hippie- und Kunsthandwerk-Markt in der Altstadt kaufte Markus mir einen verschnörkelten Silberring, der unseren Neuanfang besiegeln sollte.

Den Rest unserer Urlaubswoche verbrachten wir harmonisch und entspannt und ohne große Zwischenfälle oder tiefgreifende Gespräche. Man könnte auch sagen, dass wir alles Schwere vermieden. Wir lagen entweder am Strand oder machten Ausflüge auf der Insel, wir genossen gutes Essen und guten Wein und hatten ab und an Sex, der nicht ganz so gut wie das Essen oder der Wein war. Ich fragte mich, wie das wohl mit Lara gewesen war.

Meine Träume in dieser Woche waren nicht wieder so intensiv wie in der zweiten Nacht, aber es gab zwei große Themen, die immer wieder auftauchten – eine unangebrachte Nacktheit und ein starker Wunsch nach einem Joint. Ich träumte, dass ich in den unpassendsten Momenten nackt war. Entweder war ich noch nicht ganz fertig angezogen und Besuch stand vor der Tür oder ich stand gerade nackt aus dem Bett auf und es waren bereits andere Menschen in der Wohnung. Diese waren völlig normal gekleidet und verhielten sich mir gegenüber auch völlig normal. Meine Nacktheit wurde nie angesprochen oder thematisiert, obwohl mir die ganze Zeit bewusst war, dass ich unbedingt noch etwas anziehen musste. Aber ich konnte meine Kleidung nicht finden oder es gab keine Gelegenheit zum Ankleiden, weil wir sofort los mussten.

Außerdem traf ich in meinen Träumen immer wieder auf Menschen, die Gras rauchten. Meistens blieb ich dann stehen, bot ihnen lange Blättchen oder selbstgerollte Filter an und fragte, ob ich im Gegenzug ein Blütchen Gras bekommen könnte. Die Reaktionen auf meine Frage waren immer freundlich und offen, aber leider konnte man mir nie etwas geben und ich wandte mich enttäuscht ab. Diese Szene wiederholte sich in leicht abgewandelter Form, wobei es nie so weit ging, dass ich etwas geraucht hätte. Aber die Sehnsucht oder Vorfreude auf einen Joint waren beim Aufwachen noch spürbar.

Auflösung

Und dann war unsere Urlaubswoche plötzlich vorbei. Bereits beim Packen meines Koffers und auch während der Taxi-Fahrt zum Flughafen breitete sich ein unangenehmes Gefühl in mir aus, das ich nur mit Mühe beiseiteschieben konnte. Wie dunkle Wolken, die an einem Sommerabend am Himmel aufziehen und die man ignoriert, weil man zu einer Grill- und Gartenparty eingeladen ist und unbedingt die offenen Schuhe oder das neue Kleid tragen möchte. So wurde ich auf unserer Heimreise immer ruhiger und verschlossener, bis ich überhaupt nichts mehr sagte und Markus mich am Samstagabend stumm und schweigend vor meiner, oder besser unserer Haustür absetzte. Wir verabschiedeten uns im Auto und Markus fuhr gleich weiter, um sich am Sonntag noch auf die bevorstehende Arbeitswoche vorbereiten zu können.

Wahrscheinlich war ihm meine Schweigsamkeit nicht einmal aufgefallen.

Ich stieg die Treppen hinauf, schloss die Türe auf, ließ mein gesamtes Gepäck fallen, sank in die Knie und weinte. Wir hatten nichts Neues gefunden in dieser Woche, sondern unsere Vergangenheit gelebt. Und selbst diese Vergangenheit war anders, als ich sie in Erinnerung hatte. Der Illusionsabbau, der mit meinem Grasentzug einherging, machte auch vor Markus und mir nicht Halt. Ich musste mir eingestehen, dass der Markus in meiner Vorstellung nicht dem Markus entsprach, mit dem ich gerade eine Woche auf Ibiza verbracht hatte. Nichts war mehr so, wie es mal war oder sein sollte. Mein gesamtes Selbst- und Weltbild schwankte und veränderte sich. Je mehr ich erkannte, desto weniger wusste ich mit Bestimmtheit. Fast schien es mir so, dass gerade diese Unbestimmtheit der eigentliche Kern der Dinge war. Die Dinge an sich waren weder fest noch greifbar.

Am nächsten Vormittag war ich mit Sophia zum Frühstücken verabredet. Wir trafen uns in einem kleinen Café in der Stadt.

„Meine Liebe, wie schön dich zu sehen. Du siehst erholt aus“, begrüßte sie mich.

„Bin ich auch. Irgendwie. Schönes Wetter, schöner Strand, schönes Meer“, antwortete ich und setzte mich zu ihr.

„Und sonst?“

„Ich weiß es nicht. Ich bin verwirrt. Es war mehr, als ich erwartet hatte, und gleichzeitig auch viel weniger.“

„Du sprichst in Rätseln, liebe Anna. Geht es vielleicht etwas genauer?“

„Ich bin das Rätsel. Jedenfalls fühle ich mich so.“

Sophia verdrehte die Augen, lächelte und schaute mich fragend an.

„Monatelang habe ich nichts anderes gedacht, als dass ich diesen Mann um jeden Preis zurückhaben möchte. Und jetzt, da ich am Ziel meiner Wünsche bin, weiß ich plötzlich nicht mehr, ob ich ihn noch will.“

„Warum?“

„Der ganze Urlaub hat nach aufgewärmter Vergangenheit geschmeckt. Ein Urlaub in einer Zeitblase mit einem Markus, der sich verhalten hat, als wenn nichts passiert wäre.“

„Was hast du denn erwartet?“

„Etwas Neues. Etwas, das tiefer geht. Etwas, das über das hinausgeht, was wir hatten.“

„Ach, Anna. Du bist süß. Nur weil du eine extreme Zeit durchgemacht hast, die dich zu Veränderungen gezwungen hat, gilt das doch noch lange nicht für Markus. Ich meine, er wurde von zwei Frauen geliebt und hat wahrscheinlich nicht das Gefühl, besonders viel ändern zu müssen.“

„Hm“, brummte ich ärgerlich. So hatte ich das noch gar nicht gesehen: Markus landete nach seinem Höhenflug gerade wieder auf dem Boden der Tatsachen, während ich mich aus den tiefsten Niederungen meiner Abgründe mühselig nach oben gekämpft hatte.

„Wie ist die Sache mit ihm und Lara überhaupt auseinander gegangen? Hat er sich von ihr getrennt, um eure Beziehung zu retten?", fragte Sophia nach.

„Ich weiß es nicht. Keine Ahnung, was mit ihm und Lara passiert ist und warum die beiden nicht mehr zusammen sind. Ich weiß nur, dass sie nicht mehr in der Agentur arbeitet."

„Was sagt Markus denn, wenn du ihn danach fragst?"

„Dass es keine Rolle spielt, dass es vorbei ist und nichts mit uns zu tun hat."

„Aha. Sehr einfach."

„Zu einfach. Dieses Nichtwissen macht mich fertig. Es ist wie eine riesige Kluft zwischen uns."

„Hat er denn überhaupt etwas zu dem letzten halben Jahr gesagt? Außer, dass es ihm leid tut und er nun wieder zurück ist?"

„Er hat sehr detailliert über die Höhen und Tiefen des Agenturlebens und seine Rolle dabei gesprochen. Eigentlich dreht sich im Moment alles darum."

„Und du? Welche Rolle spielst du dabei?"

„Schwierige Frage. Vielleicht die Frau an seiner Seite?"

„Und das ist dir zu wenig?"

„Nein, eigentlich nicht. Das wollte ich ja die ganze Zeit. Aber irgendetwas stimmt in dem Bild nicht. Ich kann nur noch nicht genau sagen, was das ist. Vielleicht habe ich Angst, mich dabei wieder aus den Augen zu verlieren."

„Aber schließt sich das denn aus? Kann man nicht in einer Beziehung leben und trotzdem seinen eigenen Weg gehen?"

„Ach, Sophia", sagte ich und seufzte theatralisch. „Sicherlich geht beides. In einer idealen Beziehung, in einer idealen Welt. Aber Markus und ich, wir sind im Moment wirklich weit entfernt von ideal. Wir könnten das nur schaffen, wenn wir wieder zusammen in einer Stadt leben."

„Könnte Markus nicht hierher kommen?"

„Das würde er niemals tun. Nicht einmal für mich.

Er liebt seinen Job. Aber wenn ich zu ihm gehe und alles aufgebe, dann werde ich untergehen."

„Wieso meinst du das?"

„Weil Markus mich so will, wie ich war, nur mit ein bisschen weniger Gras. Weißt du, ich habe versucht, mich zu erklären und von meinen Träumen zu erzählen. Es hat ihn überhaupt nicht interessiert. Im Gegenteil, er hat es als spirituelle Spinnerei abgetan."

„Wahrscheinlich hat er gar nicht gemerkt, dass du ihm was Wichtiges sagen wolltest."

„Was allerdings auch an mir liegen könnte."

„Sieh es einfach positiv: Du hast es in der Hand und kannst entscheiden, wie es mit euch und wie es mit dir weiter geht. Du musst nur wissen, was du willst und die Konsequenzen ziehen."

„Haha, sehr witzig und sehr weise", antwortete ich und beschäftigte mich mit meinem Frühstück, das ich vor lauter Quatscherei bisher vernachlässigt hatte.

„Markus will, dass ich so schnell wie möglich zu ihm ziehe. Er könnte sich sogar vorstellen, dass wir heiraten."

„Na immerhin schafft er klare Verhältnisse und zeigt, dass es ihm ernst ist mit euch. Vielleicht reicht es ja noch für eine Doppelhochzeit mit deiner Schwester."

„Oh je, erinnere mich nicht daran. Die Hochzeit ist schon am nächsten Wochenende! Meine ganze Familie wird da sein und tausend Fragen haben."

„Kommt Markus mit?"

„Ja, ist so geplant. Unser erster offizieller Auftritt sozusagen."

„Oha."

„Ich hatte übrigens einen sehr intensiven und Traum im Urlaub", lenkte ich das Thema von dem bevorstehenden Hochzeitswochenende ab und erzählte Sophia stattdessen von dem Traum mit dem Fahrrad und der Fischhalle.

„Wow. Was könnte das bedeuten? Was glaubst du?"

„Ich bin mir nicht ganz sicher. Die Fahrt über die Brücke könnte eine Art Prüfung oder Etappe sein, die ich bewältigt habe. Der Raum mit den Fischen, vor allem diese merkwürdige Fisch-Beatmungs-Apparatur, die ich in allen Einzelheiten gesehen habe, kann ich nicht zuordnen. Jedenfalls lasse ich mir nicht so ohne weiteres ein falsches Fahrrad andrehen und fordere mein Fahrrad zurück. Das scheint mir ein guter Schritt zu sein. Ich sage endlich, was ich will und bekomme es auch. Was meinst du?"

„Die Brücke würde ich ähnlich sehen, aber die Fischhalle und die Sache mit dem Fahrrad könnte man auch völlig anders deuten. Fische sind ein christliches Symbol der Erlösung – nehmen wir also mal an, dass es sich um „Erlöserfische" handelt. Nach der bestandenen Prüfung kommst du also endlich in den Raum der Erlösung. Deine Erlösung, oder weniger dramatisch deine Veränderung, zeigt sich durch das neue Fahrrad, dass dir als Belohnung für deine Taten übergeben wird. Doch statt die Veränderung anzunehmen, verlangst du dein altes Fahrrad zurück, dass man dir sichtlich irritiert und kopfschüttelnd wiedergibt."

„Oh, nein!", sagte ich halb im Spaß und halb im Ernst. „Man hält mir den Schlüssel entgegen und ich erkenne ihn nicht."

„Es ist nur eine mögliche Deutung."

„Ja, aber es würde gut zu mir passen."

Die Erlöserfische und das neue Fahrrad gingen mir in den nächsten Tagen nicht aus dem Kopf. Ich grübelte, welche Veränderung ich nicht anzunehmen in der Lage war, und wo ich in alte Verhaltensmuster zurückfiel. Was hatte ich trotz aller Strapazen wieder so gemacht wie immer? War es die Tatsache, dass ich zu Markus zurückgekehrt war? War ich dabei, vor meiner Verantwortung zu flüchten und mich nun hinter Markus zu verstecken, so wie ich mich jahrelang hinter dem Gras versteckt hatte? Oder stand ich im Begriff, zu früh aufzugeben und mich nicht durchzukämpfen, also unsere Beziehung an den

Nagel zu hängen, ohne es wirklich versucht zu haben? Ich war mir einfach nicht sicher und mein Verstand war mir keine große Hilfe. Mir kam Zarathustra in den Sinn, der in der stillsten Stunde eine Stimme vernahm, die zu ihm sprach: „Oh Zarathustra, deine Früchte sind reif, aber du bist nicht reif für deine Früchte."

Die Telefonate mit meiner Schwester und die letzten Hochzeitsvorbereitungen lenkten mich von meinem Gedankenkarussell ab. Auch im Büro war ich ziemlich eingespannt. Kristine hatte mich in einige neue Projekte eingebunden und plötzlich saß ich in unzähligen Meetings, die ich vor- und nachbereiten musste und bekam eine erste Ahnung davon, wie Markus sich fühlte, und warum seine Arbeit eine so große Rolle spielte. Mitte der Woche brachte Kristine mir die Einschreibungsunterlagen der Fernuni und einen neuen Arbeitsvertrag.

„Lies dir die Unterlagen in Ruhe durch. Dann setzen wir uns nächste Woche zusammen, um die Details zu besprechen", sagte sie freundlich. Ich war froh, dass sie keine sofortige Antwort von mir erwartete.

Freitag fuhr ich dann mit dem Zug zu meiner Schwester bzw. zu dem Waldschlösschen, in dem die Trauung und die Hochzeitsfeier stattfinden sollten. Das Schlösschen lag etwas außerhalb in einem kleinen Wäldchen und war eine ehemalige Wasserburg, die im Laufe der Jahrhunderte häufig Besitzer und Bestimmung gewechselt hatte. Es gab ein Trauzimmer, eine kleine Kapelle, mehrere Veranstaltungsräume, einen romantischen Schlossgarten und einen kleinen Hotelbetrieb, sodass die Gäste gleich an Ort und Stelle ins Bett fallen konnten. Die ganze Anlage war liebevoll renoviert und strahlte Prunk und Pracht längst vergangener Zeiten aus. Ich traf mich mit Katrin in der Hotelbar. Wir waren die einzigen Hochzeitsgäste in dieser Nacht, denn alle anderen würden erst am nächsten Tag anreisen.

Sie saß mit einem Glas Wein an der Bar und erwartete mich schon ungeduldig, als ich mit meinem kleinen

Köfferchen eintrat. „Anna, endlich bist du da. Ich bin so aufgeregt, hoffentlich klappt alles“, begrüßte sie mich hektisch.

„Alles gut, Katrin. Das Schlösschen ist wunderschön, das Wetter passt, ihr seid ein wundervolles Brautpaar. Was soll da schief gehen?“, antwortete ich lachend und umarmte sie.

„Und wenn ich etwas Wichtiges vergessen habe?“

„Dann gehen wir einfach noch mal alles durch, ok?“, versuchte ich sie zu beruhigen.

„Ok“, sagte sie, legte eine Mappe mit einem Ablaufplan und diversen Listen und Telefonnummern auf die Bar und begann sofort, die einzelnen Punkte durchzugehen. Frühstück um halb neun, mobile Friseurin um halb zehn, letzte Abstimmung mit dem Hotelmanagement um elf, Blumenanlieferung um zwölf, und so weiter und so weiter.

„Katrin, ich bin mir sicher, dass du organisatorisch alles im Griff hast. Deine Planung ist fast zu perfekt und ich mache mir eher Sorgen, dass du vor lauter Listen vergisst, deine eigene Hochzeit zu genießen“, sagte ich ganz vorsichtig. Katrin sah mich erschrocken und ertappt an. Warum nur ist es so viel einfacher, die Trampelpfade der anderen zu erkennen, während die eigenen stets im Dunkeln liegen?

„Wolltest du nicht alles etwas entspannter angehen und dich von deinem Planungs- und Erwartungswahn befreien?“, setzte ich noch mal nach.

„Scheiße“, war ihr Antwort. „Du hast mich erwischt. Ein Rückfall. Das passiert mir ständig.“

Sie klappte ihre Mappe wieder zu, legte die Unterlagen beiseite und fragte: „Was soll ich jetzt machen?“

„Entspann dich einfach. Gib mir die Listen und ich werde dein Zeremonienmeister sein. Ich passe auf, dass alles zur rechten Zeit passiert und du bist einfach eine schöne Braut, die heiratet und sich um ihre Gäste kümmert. Alles andere ist völlig unwichtig.“

„Vorschlag angenommen", antwortete Katrin und lächelte das erste Mal an diesem Abend. „Hast du Hunger, sollen wir noch was essen? Du musst mir noch von eurem Urlaub und von Markus erzählen."

Und das tat ich dann und stellte fest, dass meine Erklärungsversuche immer noch wirr und durcheinander waren. Ich wünschte, mir könnte auch mal jemand so klar sagen, was ich gerade wieder mal falsch machte und was das Richtige wäre.

„Ich weiß, dass ich nicht weiß, was ich will", beendete ich meinen Bericht und Katrin schüttelte den Kopf.

„Oh je, das hört sich kompliziert an. Vielleicht solltest du einfach auf deinen Bauch hören."

„Hört, hört: der Tipp einer Expertin!", sagte ich lachend. „Das Wahr- und Ernstnehmen unserer Gefühle wurde uns nicht gerade in die Wiege gelegt. Aber ich werde es versuchen."

Morgens unternahm ich einem langen Spaziergang durch den einsamen und von Vogelgezwitscher erfüllten Schlosspark. Dann machte ich mich fein, ging zum Frühstück und traf meine überraschend entspannte Schwester, die vor ihrem Kaffee saß.

„Gut siehst du aus, Schwesterchen."

„Danke, so fühle ich mich auch", antwortete ich etwas verlegen. Komplimente hatten mich schon immer peinlich berührt. Während Katrin in den nächsten Stunden frisiert und ausstaffiert wurde, kümmerte ich mich um die Anlieferungen und Abstimmungen. Nach und nach trafen die ersten Gäste ein und bezogen ihre Zimmer. Darunter meine Eltern. Meine Mutter sah in ihrem Kostüm wie immer perfekt aus. Ich konnte mich nicht daran erinnern, sie jemals ungeschminkt oder unordentlich gesehen zu haben.

„Ist dein Kleid nicht ein zu bisschen bunt für diesen Anlass?", waren ihre ersten Worte. Mein Vater nickte mir zur Begrüßung zu, sagte wenig und verzog sich gleich auf sein Zimmer. Meine Mutter kontrollierte in der Zwischenzeit die Hochzeitsräume und die Dekoration. Das Verhalten meiner Eltern hatte mich schon immer geärgert, und ich war stets in eine Art Abwehrhaltung gegangen. Jetzt, wo ich mich dieser Situation nüchtern stellte, fielen mir die Zusammenhänge zwischen ihrem und meinem Verhalten plötzlich auf. Ich konnte meine Mutter und meinen Vater in mir erkennen und wusste, dass ich mich am meisten ärgerte, wenn es mich betraf. Wenn ich mich also über die Gefühlskälte meines Vaters ärgerte, so war es in Wirklichkeit meine eigene Schwierigkeit, mit Gefühlen umzugehen, die mich umtrieb und aufbrachte. Das Auflösen dieser Projektionen konfrontierte mich mit meinen eigenen Schwächen, brachte mich aber auch der Lösung näher, denn die lag in mir und nicht in meiner Umwelt.

Markus kam erst kurz vor der Trauung und wir hatten kaum Zeit, uns zu begrüßen. Eine kurze Umarmung, ein flüchtiger Kuss, und dann musste ich mich um Katrin kümmern, die in ihrem Zimmer auf mich wartete. Katrin saß in ihrem Brautkleid auf dem Bett und strahlte über das ganze Gesicht. Meine Eltern kamen dazu, und wieder glänzte meine Mutter mit einem völlig deplatzierten Kommentar. Statt Katrin zu begrüßen oder etwas Nettes über ihr Brautkleid zu sagen, nörgelte sie an der farblichen Zusammenstellung der Tischdekoration herum und empörte sich, dass das Personal ihren Anweisungen nicht widerspruchslos nachkam. Glücklicherweise entschloss sich Katrin dazu, die Anmerkungen zu überhören, und wir schritten gemeinsam den Hotelflur entlang in Richtung Trauzimmer, vor dem Bernd schon auf uns wartete. Die Trauung war ruckzuck vollzogen, und auch wenn sich die Standesbeamtin große Mühe gegeben hatte, die Zeremonie mit ein paar persönlichen Worten und tiefsinnigen Gedichten auszuschmücken, so blieb es doch ein bürokratischer Akt und hatte wenig mit Romantik zu tun. Ich war dennoch sehr gerührt und kämpfte gegen einen beachtlichen Kloß im Hals an. Jetzt bloß nicht wieder weinen, dachte ich. Bernd und Katrin küssten sich, alle gratulierten, Rosenblätter und Konfetti flogen und dann standen wir mit Champagner im Schlossgarten und stießen auf das Brautpaar an.

Ich kümmerte mich um alles und hielt Katrin den Rücken frei. So drückte ich mich um ein offenes Gespräch mit Markus und versteckte mich hinter der willkommenen Geschäftigkeit. Bis Markus mich nach dem Menü direkt ansprach.

„Stimmt etwas nicht? Du gehst mir den ganzen Tag schon aus dem Weg", sagte er und seiner Stimme war anzumerken, dass er nicht mehr ganz nüchtern war. Eine ausweichende Antwort wie: „Aber nein, ich habe nur so viel mit der Hochzeit zu tun", lag mir auf den Lippen und es kostete mich viel Überwindung, anders zu reagieren, als ich es üblicherweise tat.

„Ich weiche dir aus, weil ich nicht weiß, ob ich mich noch mal auf uns einlassen kann." Das war direkt.

„Was redest du da? Wir waren doch gerade zusammen in Urlaub und haben alles besprochen. Ich bin dabei, eine Wohnung für uns zu suchen", antwortete Markus verdutzt und sah aus, als hätte ihm jemand in den Bauch geboxt.

„Lass uns einen Moment nach draußen gehen und in Ruhe reden, ja?"

Markus ließ sich wortlos nach draußen führen und wir setzten uns auf eine Bank im Schlosspark.

„Ich wollte so sehr, dass wir wieder zusammen kommen, aber es fühlt sich nicht richtig an. Das letzte halbe Jahr lässt sich nicht ungeschehen machen und steht wie eine Mauer zwischen uns."

„Und im Urlaub? Hast du mir die ganze Zeit etwas vorgespielt oder habe ich mir eingebildet, dass wir uns gut verstehen?"

„Wir haben uns gut verstanden, weil wir es wollten.

Wir haben versucht, da weiterzumachen, wo wir aufgehört hatten und unsere Vertrautheit hat uns dabei geholfen, die Risse zu überspielen. Aber die Harmonie war nur oberflächlich. Unser Urlaub hat nach Abschied und nicht nach Anfang geschmeckt."

„Du bist ungerecht, gib uns doch etwas Zeit."

„Das hat nichts mit Zeit zu tun. Ich glaube, dass etwas zerbrochen ist, das man nicht mehr heilen kann. War dir nicht klar, dass das passieren könnte, als du dich für Lara entschieden hattest?"

„Ich konnte nicht anders, und das habe ich auch schon mehr als einmal erklärt. Ich war unzufrieden und habe mich von der Macht des Neuen verführen lassen. Aber am Ende hat mich dieses Abenteuer zu dir zurückgeführt."

„Ja, aber du hast mir nie erzählt, wie es mit euch war und warum ihr euch am Ende doch getrennt habt. Was ist passiert mit deiner Verliebtheit, die mir das Herz gebrochen hat?"

„Ich weiß nicht, was du hören möchtest."

„Die ganze Geschichte. Eure Geschichte."

In diesem Moment ertönte Katrins Stimme durch den Park. Sie rief nach mir. Wir gingen zurück und Markus setzte sich an die Bar und trank so lange, bis ich ihn dort abholte und ins Bett brachte, das er ohne meine Hilfe nicht gefunden hätte. Mir war die Absurdität und Tragik unseres Rollenwechsels durchaus bewusst, aber es verschaffte mir keine Genugtuung.

Das gemeinsame Frühstück verschlief Markus, und so saß ich alleine mit meiner Familie an einem Tisch. Katrin war glücklich und bedankte sich immer wieder bei mir, was mich ganz verlegen machte. Meine Mutter war auch glücklich. Sie lobte mich, weil ich wieder mit Markus zusammen war, der in der Zwischenzeit ja sogar Karriere gemacht hatte.

„Vielleicht wird ja doch noch alles gut. Vermassele das

jetzt nicht wieder", gab sie mir zum Abschied noch wohlwollend mit auf den Weg.

Gegen Mittag machten Markus und ich uns zusammen auf den Rückweg. Und nach einigen Minuten des Schweigens begann Markus zu erzählen. Er hörte nicht mehr auf, bis er alles gesagt hatte, was es zu ihm und Lara zu sagen gab.

„Lara hat im Frühjahr als Trainee in meinem Team angefangen. Sie war intelligent, hübsch und sehr ehrgeizig. Sie hat sich richtig reingehängt in den Job und ganz offen mit mir geflirtet. Das hat mir geschmeichelt und ich habe ihre Bewunderung und die Annäherungsversuche genossen. Nach zwei Wochen sind wir uns dann näher gekommen und ich war total verliebt – aber das weißt du ja. Tagsüber haben wir als Team zusammen gearbeitet und abends waren wir ein Paar. Im Büro durfte natürlich niemand etwas wissen und diese Heimlichkeit hat es nur noch spannender und aufregender gemacht. Lara war toll und hat mir jeden Wunsch von den Augen abgelesen. Von den Auseinandersetzungen mit dir abgesehen, schien alles so unkompliziert und so einfach. Alle Gedanken und möglichen Konsequenzen uns betreffend, habe ich beiseite geschoben. Das war nicht schwer, denn du und alles, was mit uns zusammenhing, waren weit weg. Ich wollte nicht darüber nachdenken, was aus uns würde und ob es ein zurück gäbe oder nicht. Das klappte eine ganze Zeit ziemlich gut, bis die Schwierigkeiten in der Agentur zunahmen und über Entlassungen gesprochen wurde. Lara hatte Angst um ihren Job und verlangte von mir, unsere Beziehung öffentlich zu machen, um sie vor einer Entlassung zu schützen. Aber das wäre der falsche Weg gewesen und hätte mich nur zusätzlich auf die schwarze Liste gebracht. Nun lernte ich eine andere Seite an Lara kennen, die sie vorher nicht gezeigt hatte. Alles wurde schrecklich kompliziert. Sie machte mir Vorhaltungen, dass ich sie über meinen Einfluss in der Agentur getäuscht hätte und sie sich ausgenutzt und hintergangen fühle. Gleichzeitig drangen Gerüchte aus den Teams, dass Lara sich mit einer besonders guten Verbindung in die Management-Ebene brüsten würde und deshalb über die Entlassungen Bescheid wisse. H.P. legte mir nahe, mich von ihr zu trennen, und zwar geschäftlich und privat. Unser Verhältnis war also längst ein offenes Geheimnis. Ich rief Lara in mein Büro und informierte sie über die fristlose Kündigung. Du kannst mir glauben, dass mir das nicht leicht gefallen ist. Sie wurde unglaublich wütend und beschimpfte mich als Lügner, Feigling, Lüstling und was weiß ich noch alles. Damit war unsere Beziehung beendet und ich habe danach noch tagelang bitterböse Nachrichten voller Vorwürfe von ihr bekommen. Sie hat sogar H.P. eine Mail geschrieben, mich darin schlechtgemacht und sich selbst als armes Opfer hingestellt. Keine besonders schöne Geschichte, keine mit Happy End. Ich bin froh, dass H.P. ihr nicht geglaubt hat und ganz offen mit mir darüber gesprochen hat. Und ich hoffe, dass du mir auch verzeihen kannst und ich die Chance bekomme, meinen Fehler wieder gut zu machen.“

Markus hatte langsam und leise gesprochen. Ich hatte ihn nicht unterbrochen und keine Fragen gestellt – weder während noch nach seiner Erzählung. Wir fuhren noch eine halbe Stunde, saßen schweigend im Auto, und dann setzte mich Markus vor der Haustür ab. Er wirkte angeschlagen und verletzlich.

„Danke, dass du mir alles erzählt hast“, sagte ich nach einem Moment der Stille und dann ging ich ins Haus. Markus fuhr weiter. Ich drehte mich nicht um, sah ihm nicht nach, sondern öffnete die Tür und ging langsam die Treppe hinauf. Mit jedem Schritt versank ich tiefer in meinen Gedanken. Seine Lara-Geschichte war wie das letzte Mosaikteilchen, das mir noch gefehlt hatte, um mein Bild zu vervollständigen. Alles schien auf einmal so klar. Es gab keine Zukunft für Markus und mich. Unser gemeinsamer Weg endete hier. Nein, unsere Wege hatten sich bereits vor einem halben Jahr getrennt, aber ich war erst jetzt in der Lage, diese Tatsache zu akzeptieren. Ich dachte an den Moment unter der Dusche, als diese Ahnung plötzlich in mir aufgetaucht war und sich nicht mehr abschütteln ließ. Ich dachte daran, wie ich Laras Liebesnachricht entdeckt hatte und die Worte mich beinahe zerrissen hätten. Ich dachte an die quälenden Wochen ohne Markus, die ich wie schockiert und gelähmt in der Wohnung verbracht hatte und auch an die ersten Wochen ohne Gras, in denen ich nervös, unruhig und gereizt mit mir und meiner Sucht gekämpft hatte. Und ich dachte an den Traum, in dem ich mit Kristine und Sophia durch meinen Trockenwald gelaufen war, um dann mit Markus in den Himmel zu fliegen oder besser zu fliehen. Denn dieser vermeintlich einfache Weg war zwar verführerisch, aber falsch. Es war der Weg der Illusion. Er ähnelte meinem Weg des Rausches und der Betäubung, der sich ebenso leicht und verführerisch gab. Ich konnte unsere ganze Geschichte vor mir sehen – vom Anfang bis zum Ende, mit all ihrer Schönheit und all ihrer Tragik. Und ich fühlte mich endlich stark genug, um sie loszulassen. Ich fühlte, dass ich bereit war, alles loszulassen: Markus, das Gras, meine hochmütige Weltverdrossenheit, meine lethargische Unzufriedenheit, meine kleingeistige Opferrolle. All diese ichbezogenen Erwartungen und Engstirnigkeiten fielen für einen Moment von mir ab und machten mich frei. Frei, um endlich ich selbst zu sein und die Verantwortung für mich und meinen Weg zu übernehmen. Mein ganzes Leben hatte ich nach dem Sinn gesucht, aber ich hatte ihn mit meinem Verstand und außerhalb von mir gesucht. Nun wurde mir klar, dass es diesen Sinn an sich nicht gab. So wenig wie es die Wahrheit oder die Wirklichkeit an sich gab. Der Sinn, oder besser mein Sinn, versteckte sich in mir, ich war die sinngebende Instanz in meinem Leben.

In der darauffolgenden Woche sprach ich mit Kristine und nahm ihr Angebot an. Ich unterschrieb den Vertrag, den sie mir gegeben hatte und füllte die Einschreibungsunterlagen für die Fernuni aus. Ich traf Sophia, die meine Entscheidungen begeistert aufnahm und mich darin bestärkte, meinem Gefühl zu folgen. Den weitaus schwierigsten Part hatte ich allerdings noch vor mir. Ich musste mit Markus sprechen. Samstagvormittag fuhr ich zu ihm. Er wohnte in einer kleinen 2-Zimmer-Wohnung, die ganz in der Nähe der Agentur lag und die nur spärlich eingerichtet war. Sie wirkte immer noch wie eine Übergangslösung. Es war das zweite Mal, dass ich ihn hier besuchte, und ich fühlte mich fremd und unsicher. Diese Wohnung zeigte mir deutlich, wie weit wir uns voneinander entfernt hatten und wie wenig ich mit seinem Leben hier zu tun hatte. Markus wusste längst, was ich ihm zu sagen hatte. Er wollte es schnell und mit möglichst wenig Dramatik hinter sich bringen. Die Verletzlichkeit der letzten Woche war verschwunden und eine Mauer der Unantastbarkeit umgab ihn. Ich war kaum in sein geheimes Reich eingetreten, da schnappte er schon seine Jacke und zog mich wieder hinaus.

„Lass uns doch kurz was essen gehen", sagte er und führte mich zu seinem Stamm-Restaurant gleich um die Ecke. Wir sprachen sehr sachlich und ruhig miteinander und er versuchte nicht, mich umzustimmen. Er nahm unser Ende einfach so hin. Nur einmal fragte er etwas beleidigt, warum ich denn die ganze Zeit so getan hätte, als wenn ich unbedingt zurückwolle. Er meinte, dass ich wohl auch nicht so genau wüsste, was ich wolle. Ansonsten versuchte er, seine Gefühle vor mir zu verbergen. Sollte er so etwas wie Scham, Verzweiflung oder Trauer empfunden haben, so ließ er es mich nicht sehen. Am frühen Abend fuhr ich wieder zurück. Tränen der Trauer und der Leere liefen leise meine Wangen herab. Doch diese Leere war nicht trostlos. In ihr schlummerte bereits die Möglichkeit eines neuen Anfangs. Im Grunde befand ich mich schon mitten im Anfang, denn ich hatte eine Entscheidung getroffen und sie vertreten. Ein guter

Grund, um stolz auf mich zu sein, und das war ich auch. Die Reaktionen auf unsere endgültige Trennung waren sehr unterschiedlich. Sie sagten mehr über die Reagierenden aus, als über Markus oder mich. Meine Mutter war völlig schockiert. Sie hielt meine Entscheidung für übereilt und bezeichnete mich als trotzig und unreif. Auch das Studium hielt sie für Quatsch. „Kind, was machst du nur wieder!“, rief sie aus. „Du bist fast vierzig, wenn du das Studium beendet hast und in den Beruf einsteigst. Wer soll dich denn dann noch nehmen?“ Ich war mir nicht sicher, ob sich diese sorgenvolle Äußerung auf potentielle Arbeitgeber oder Ehemänner bezog, fragte aber lieber nicht nach. Mein Vater sagte wie immer nichts, sondern schüttelte nur ablehnend den Kopf. Aber wie konnte ich ihnen einen Vorwurf machen, dass sie mich nicht verstanden? Sie wussten ja kaum etwas über mich. Sie wussten weder, was ich getan noch was ich empfunden oder gedacht hatte. Sie wussten nicht einmal, dass sie nichts wussten.

Nina glaubte, den wahren Grund in den tantrischen Erfahrungen mit meinem geheimnisvollen Yoga-Guru zu erkennen und wollte endlich mehr darüber erfahren. Die Dramatik der Ereignisse hatte sie nie nachvollziehen können, denn eine gewisse Unsicherheit, was den Status einer Beziehung anging, machte die Sache für sie erst interessant.

Sophia verstand als Einzige meine Motive und Gedanken. Sie überlegte allerdings gleich, wie man aus meiner oder unserer Geschichte eine literarische Variante machen könnte. Da wäre Markus jetzt genau an dem Punkt, an dem ich gewesen war, als ich Laras Nachricht gelesen hatte, und müsste sich nun mit den Konsequenzen seines Handelns und seiner Schuld befassen. Vielleicht würde er dabei mit einer Flasche Bier in seiner leergeräumten Wohnung sitzen, dachte sich Sophia. Mir aber war mittlerweile klar, dass er alleine entscheiden konnte und musste, ob er sich auf diese Weise mit den Geschehnissen auseinandersetzen würde. Denn nicht die äußeren Ereignisse setzen die Selbstreflexion in Gang, sondern einzig und allein die innere Bereitschaft machte diese Vertiefung möglich. Aber Markus' Umgang mit uns und mit sich war nun nicht mehr meine Angelegenheit. Das einzige, das wir noch miteinander klären mussten, war die Auflösung unserer gemeinsamen Wohnung. Wir hatten bereits gekündigt, und nun war ich auf der Suche nach einem Nachmieter, um die Kündigungsfrist zu verkürzen. Und natürlich auf der Suche nach einer neuen, kleineren und bezahlbaren Wohnung für mich. Beides fand ich relativ schnell. Ein junges Pärchen, das frisch verliebt und voller Begeisterung der gemeinsamen Zukunft entgegenblickte, übernahm unseren Mietvertrag. Ich fand eine kleine Mansardenwohnung, die hell und offen in Richtung Stadtwald blickte. Das Aufteilen unseres gemeinsamen Besitzes lief ohne große Auseinandersetzungen ab. Im Grunde wollte Markus nichts haben, was ihn an uns und seine Vergangenheit erinnerte. Ich kümmerte mich um die Renovierung. Markus musste lediglich seine Sachen pünktlich abholen.

An dem Samstag vor der Schlüsselübergabe standen wir also beide mit unseren Transportern auf der Straße und trugen unser Hab und Gut aus der Wohnung. Markus wirkte angespannt. Wir sprachen wenig miteinander. Er hatte wie immer viel zu tun und telefonierte fast die ganze Zeit. Natürlich kam ihm der Umzugstermin sehr ungelegen. Er hatte zwei Studenten dabei, denen er Anweisungen gab und die schwitzend und stöhnend Kisten und Möbelstücke die Treppe herunter trugen. Er hatte sich mittlerweile eine Eigentumswohnung gekauft und erzählte voller Stolz von der luxuriösen Ausstattung und den neuen Möbeln, die er sich schon gekauft hatte. Sophia und zwei kräftige Jungs aus dem Institut halfen mir bei meinem Umzug, und so lernten sich Sophia und Markus am Ende doch noch kennen.

„Deinen Markus hatte ich mir irgendwie anders vorgestellt", stellte sie fest, als wir mit dem vollgepackten Transporter Richtung Mansarde fuhren. „Ich konnte nichts Echtes an ihm erkennen – alles nur Show. Ich glaube, es geht ihm nicht besonders gut."

In der ersten Nacht in meiner neuen und noch ziemlich chaotischen Wohnung träumte ich einen wunderschönen Traum:

Ich befand mich in einem riesigen Haus und lief durch die unzähligen Etagen und Räume. Jedes Zimmer war anders eingerichtet, keines glich dem anderen, und ich schaute mich staunend um. Ich ging von Raum zu Raum und öffnete Türen und Fenster. Draußen schien die Sonne und mit jedem Fenster, das ich öffnete, drang mehr Luft und Licht hinein. Das Haus schien mir wie eine Miniatur der ganzen Welt mit all ihren unterschiedlichen Mustern, Farben und Formen. Im Innern des Hauses gab es eine weitere Lichtquelle, die sanft leuchtete. Als ich endlich alle Fenster geöffnet hatte, verband sich das Sonnenlicht mit dem Licht aus dem Innern und das ganze Haus erstrahlte im weißen und warmen Licht, bis sich schließlich alles in diesem Licht auflöste.

Ich wachte auf und wusste: Ich war die Person, die durch dieses Haus gelaufen war und ich war das Haus. Die ganze Welt war in mir enthalten und mit jedem Schritt, den ich auf mich zugegangen war, hatte ich mich gleichzeitig der Welt geöffnet. Der Weg nach innen und der Weg nach außen waren in Wahrheit das Gleiche. Früher hatte ich mich allem verschlossen und mich in meiner Ablehnung und meinem Selbstbetrug eingemauert, bis es nicht mehr weiterging. Bis ich in einer Art resigniertem Stillstand erstarrt war. Nun war ich dabei, diese Mauern einzureißen oder sie zumindest wahrzunehmen. Ich verstand langsam, dass das Heil nicht in Abgrenzung und Verweigerung lag, auch wenn die Welt voller Dinge war, die mir nicht gefielen. Das bedeutete natürlich nicht, dass nun alles gut und schön war oder ich all meine inneren

Konflikte und Widrigkeiten gelöst hätte. Es gab immer noch Momente, in denen ich voller Sehnsucht und Nostalgie daran dachte, mir einen Joint zu drehen. Ich war mir durchaus bewusst, dass mich diese Sehnsucht zeitlebens begleiten würde. Mal mehr und mal weniger. Teilweise reichte sie bis in meine Träume. Irgendwie schaffte ich es immer wieder, ein kleines Tütchen für mich in die verschiedensten Traumszenen einzubauen. Aber seit ich gelesen hatte, dass diese Art der „Wunscherfüllung" sogar im Rahmen von Entzugsprogrammen eingesetzt wurde, um die Patienten auf ihrem langen Weg zurück zu unterstützen, nahm ich es ohne schlechtes Gewissen an. Außerdem rauchte ich immer noch viel zu viele Zigaretten, die ich selbst drehte und die für mich eine Art Ersatzhandlung darstellten. Aber die hoffnungsvollen Aspekte dominierten.

Es bestand kein Zweifel: Ich war auf einem guten Weg, wieder eins mit mir und mit der Welt zu werden. Alles andere würde sich finden.

Die Autorin

Sandra Stubbe, *1971 in Düsseldorf, arbeitet seit vielen Jahren in leitender Position in der Kommunikationsbranche. Bücher waren stets ein wichtiger Teil ihres Lebens, Philosophie und Psychologie bilden dabei seit langem den Kern ihres literarischen Interesses. „suchtraum“ ist ihre erste Veröffentlichung, in der sie eigenc Erfahrungen mit Recherche-Ergebnissen zu einer fiktiven Erzählung über Selbsttäuschung verknüpft.

Danksagung

An dieser Stelle möchte ich mich bei allen Personen bedanken, die mich bei der Umsetzung dieses Projektes unterstützt haben. Ein besonderer Dank gilt der Schriftstellerin und Künstlerin Yvonne van Acht, die mich in vielen Gesprächen und mit ihrem eigenen Werk ermutigt und inspiriert hat.

Sandra Stubbe, Mai 2015

Ralf Seeger, **DEUS IUDEX MEUS – Nur Gott ist mein Richter**
(Autobiografie), ISBN 978-3-943292-17-6, 316 Seiten,
chiliverlag 2014, 16,90 Euro

Ralf Seeger, Kampfsportlegende im Free Fight, Kickboxen und Boxen, Bergsteiger, passionierter Tierschützer, Personenschützer, Schauspieler u.v.m. ist uns allen bekannt aus TV-Serien wie „Helden für Tiere" (VOX), „Harte Hunde" und aus weiteren Sendungen.

In dieser Autobiografie erzählt er seine bewegte Geschichte: von einer schwierigen Kindheit und Jugend, dem Abgleiten in Gewalt und Kriminalität und seinem langen Kampf um eine Rückkehr in ein Leben in Freiheit. Mit dieser packenden Autobiografie lässt Ralf Seeger tiefe Einblicke in seine Vergangenheit und seine Persönlichkeit zu. In sieben umfangreichen Kapiteln nimmt er den Leser mit auf seine Entwicklung vom Heimkind zum zweifachen Weltmeister im Free Fight sowie auf weitere wichtige Stationen in seinem Leben.

Mit einem Nachtrag von Andrea Gerecke.

Hrsg. Franziska Röchter

Jetzt anders! Ein Lesebuch voller Vielfalt und für Toleranz

978-394-3-292-15-2, 188 Seiten
chiliverlag 2014, 12,90 Euro

Von Alkoholismus, Asperger Syndrom / Autismus und Ausgrenzung, Body Integrity Identity Disorder, Depression, Fetischismus, Inklusion, Psychose, Schizophrenie bis hin zu Homo- und Transsexualität und Zwangsstörungen reichen die „besonderen" Erscheinungsformen vielfältiger menschlicher Existenz, mit denen sich 35 Autorinnen und Autoren in diesem Buch literarisch auseinandersetzen. Unter Ihnen Schriftsteller wie Alex Dreppec, Gerald Jatzek, Andreas Koch u.v.m.

Mit Fotos von Jacqueline Nolting. Mit einem Essay über die „Normalitätslüge" von Josef Hader und einer gnadenlos komischen Satire aus der Welt des Frauenfußballs von der bekannten Stürmerin und Erstligaspielerin des Herforder SV, Romina Burgheim.

Hrsg. Franziska Röchter
Vorübergehend nicht erreichbar – Über Kontaktabbrüche
(Anthologie)
ISBN 978-3-943292-25-1, 224 Seiten,
chiliverlag März 2015, 10,00 Euro

Ein Buch, in dem erstmalig neben Eltern vorrangig auch betroffene „Kinder“ zu Wort kommen. Die 29 Autorinnen und Autoren dieses Bandes geben sowohl in fiktiv literarischer und lyrischer Form als auch durch introspektive Erfahrungsberichte detaillierten Einblick in das Seelenleben Betroffener, die sich zu diesem schweren Schritt höchst selten aus einer Laune heraus, sondern nach langen Überlegungen entschließen.

U.a. mit Autoren wie Peter Ettl, Gerald Jatzek, Frank Stückemann, Barbara Zeizinger, Peter Küstermann, Jürgen Zimmermann u.v.m.

Hrsg. Franziska Röchter
Strohblumenstörung – Politische Dichtung der Gegenwart I
Vorwort Ralf Burnicki
ISBN 978-3-943292-24-4, 336 Seiten
chiliverlag 2015, 12,00 Euro

240 Texte von 110 Autoren, darunter namhafte und bekannte Dichter, Autoren und Kulturschaffende wie Fritz Deppert, Jan Bereska, Anton G. Leitner, Michael Starcke, Monika Littau, Thomas Rackwitz, Sigrid Lichtenberger, Alex Dreppec, Marko Ferst, Manfred H. Freude, Ralf Burnicki u.v.m. geben sich ein politisch-poetisches Stelldichein. Die jüngste Autorin war bei ihrer Einreichung 16 Jahre.

Diese Sammlung von Lyrik und Kurzprosa findet in Band II und möglichst weiteren ihre Fortsetzung (zeitlich unbefristete Dauerausschreibung, an chiliverlag (at) aol.de).